JAN WAGNER

Selbstporträt
mit Bienenschwarm

Ausgewählte Gedichte

Hanser Berlin

Erscheint auch als Hörbuch beim Hörverlag, gelesen vom Autor.

2. Auflage 2017

ISBN 978-3-446-25075-8
© Hanser Berlin im Carl Hanser Verlag München 2016
Alle Rechte vorbehalten
Einbandgestaltung:
Peter-Andreas Hassiepen, München
© akg-images/bilwissedition
Satz im Verlag
Druck und Bindung: Friedrich Pustet, Regensburg
Printed in Germany

Für Maritta.

Probebohrung im Himmel
(2001)

champignons

wir trafen sie im wald auf einer lichtung:
zwei expeditionen durch die dämmerung,
die sich stumm betrachteten. zwischen uns nervös
das telegraphensummen des stechmückenschwarms.

meine großmutter war berühmt für ihr rezept
der *champignons farcis*. sie schloß es in
ihr grab. alles was gut ist, sagte sie,
füllt man mit wenig mehr als mit sich selbst.

später in der küche hielten wir
die pilze ans ohr und drehten an den stielen –
wartend auf das leise knacken im innern,
suchend nach der richtigen kombination.

frösche[*]

das zimmer – ein chaos. was noch nicht verkauft ist,
formt auf dem boden die schwer zu entziffernde formel

seines bestrebens: drähte, instrumente
und bücher. leere flaschen. seine frau

ist lange fort. und auch der letzte zahn:
»*ohne ehrfurcht vorm eigenen körper*«, wie achim

von arnim meinte, kämpft er mit dem wein
und mit der prämisse: alles leben besteht

aus elektrizität. draußen am see
ist es plötzlich unheimlich still – die frösche geben

einander heimlich das neue codewort durch.

[*] von 1800 bis zu seinem frühen Tod im Jahre 1810 unternahm der Naturwissenschaftler
Johann Wilhelm Ritter – angeregt durch die Entdeckungen Luigi Galvanis – zahlreiche
Selbstversuche mit der sogenannten Voltaschen Säule.

nature morte

ein großer fisch, gebettet auf eine zeitung,
ein tisch aus holz in einer hütte in
der normandie. ganz still, ganz warm – die luft
strickt wollene socken. du kannst ihn berühren oder
auch nicht, seine silbrigen schuppen gleich langen reihen
von noten einer kühlen symphonie. sein kopf
ist ab, sonst könnte er, gesetzt den fall,
daß fische lesen können, lesen,
was über seiner rückenflosse steht
und ihm souffliert: »was tun sie, diese leute?«
das licht entzieht sich leise, das papier
nimmt tropfenweise meere in sich auf.
au fond de l'image drischt der atlantik dröhnend
die jüngsten vermißtenanzeigen in den strand.

fish & chips

»wir möchten sie zurückversetzen in
king edwards zeit«, stand in der karte:
hoch über unseren köpfen an der decke

der prunkvolle angelhaken des kronleuchters.
wir sahen in den schweren stumpfen spiegeln
das essen kälter werden. und gefrieren.

draußen fiel der erste schnee, wir waren
die allerletzten, späten gäste. plötzlich
das kichern der bedienung aus der küche –

wie jonas aus dem inneren des wals.

erinnerung an las vegas

plötzlich konnten wir sie hören.
in der pause zwischen applaus und dem nächsten stück,
in der kurzen stille, groß und still: die wüste.
plötzlich konnten wir sie hören.

hoch über dem revuetheater hing
der rostende colt des mondes in seinem halfter.
die limousinen glitten lautlos vorüber –
langgestreckte, weiße labyrinthe.

die kalten haifischaugen der swimming-pools …
noch heute sehen wir mit geschlossenen augen
die leuchtreklamen und die bunten lichter
der stadt, die blinkt und blinkt, um nicht schlafen zu müssen.

die nacht ist in uns.

des toten lenins reise nach tjumen

I

der auftrag kam von ganz weit oben, hieß:
das große in die stille retten. hieß:
den radius erweitern. bis tjumen.

II

wir schwitzten bei der arbeit. nicht so sehr
aus sorge, ihm zu schaden, als aus angst
vor dem, was uns erwarten könnte. wenn.

die funzel. unsre schatten in der krypta
wie schmierenpantomimen. ferne schüsse.

III

das dunkel im waggon. das dunkel draußen.
das leise rattern der schienen. dann ein pfiff

von vorne, von der lok, der jubelnd versuchte,
sich in den spalt zwischen himmel und erde zu zwängen:

der ural gab uns an die ebene frei.

IV

wir blickten nur selten durch die ritzen im holz:
im trüben licht eines tages gähnte die taiga.

dann und wann ein luchs – bewegungslos,
als versuche er, einen namen zu erinnern.

einen geburtstag? einen abzählreim?

V

und er, der immer zwischen uns lag – er sah
mit ernst und zuversicht in eine zukunft,
die nicht die unsere war: tag um tag,

die der sumpf verschluckte, als wären es billige pillen
gegen die eigene, ewige schlaflosigkeit.

VI

das dunkel im waggon. das dunkel draußen.
das leise rattern der schienen.

gaststuben in der provinz

hinter dem tresen gegenüber der tür
das eingerahmte foto der fußballmannschaft:
lächelnde helden, die sich die rostenden nägel
im rücken ihrer trikots nicht anmerken lassen.

drei busfahrer

bevor die pinie den schatten entzieht
wie, wenn die letzte münze fällt,
die parkuhr ihren wimpel,
stecken sie jeder eine zigarette
in die speichen der zeit.

unterhalb des hügels die stadt, deren lärm
sich dunkel in den sonnenbrillen spiegelt –
auf der anderen seite der gläser ist es
so still wie in einem gebirgssee.
die augen der männer schwimmen darin.
auf ihren hemden ruht der himmel aus.

womöglich warten auch sie
im leergefegten raum zwischen zwei gedanken,
in den durch ein winziges fenster weit oben
die melodie eines schlagers dringt.
was ist sein titel?

es ist die heißeste stunde des tages
über der stadt. drei busfahrer stehen
im schatten einer pinie aufgereiht
wie kegel, die auf ihre kugel warten.

unterwegs im nebel

ragte die autobahn plötzlich auf zu den wolken
oder hatten die wolken sich entschlossen,
den schlaf von jahrhunderten zwischen uns nachzuholen?

die scheinwerferkegel tasteten – klägliche
insektenfühler – nach der verborgenen sonne:
alles war kleiner und enger geworden.

das unwirkliche licht der armaturen
erhellte uns spärlich in unseren waben aus blech,
die welt war geschrumpft auf die nächste fahrbahnmarkierung,

der horizont spannte sich nur mehr zwischen
die bremsleuchten des vor uns kriechenden wagens:
dort seilten wir die müden blicke an.

im rauschen zwischen den senderfrequenzen keimte
der verdacht, daß es stets dieselbe brücke wäre,
die vorgab, das tor nach draußen zu sein,

und ab und zu tauchte auf der gegenspur
lautlos enigmatisch ein lkw auf,
ein wal, der sich kurz aus den tiefen des meeres erhebt,

wie wir unterwegs im nebel,
den man beharrlich über uns hängen ließ
wie das »bitte nicht stören«-schild überm knauf einer tür

in irgendeinem hotel einer stadt ohne namen.

herbstvillanelle

den tagen geht das licht aus
und eine stunde dauert zehn minuten.
die bäume spielten ihre letzten farben.

am himmel wechselt man die bühnenbilder
zu rasch für das kleine drama in jedem von uns:
den tagen geht das licht aus.

dein grauer mantel trennt dich von der luft,
ein passepartout für einen satz wie diesen:
die bäume spielten ihre letzten farben.

eisblaue fenster – auf den wetterkarten
der fernsehgeräte die daumenabdrücke der tiefs.
den tagen geht das licht aus,

dem leeren park, dem teich: die enten werden
an unsichtbaren fäden aufgerollt.
die bäume spielten ihre letzten farben.

und einer, der sich mit drei sonnenblumen
ins dunkel tastet, drei schwarzen punkten auf gelb:
den tagen geht das licht aus.
die bäume spielten ihre letzten farben.

hamburg–berlin

der zug hielt mitten auf der strecke. draußen hörte
man auf an der kurbel zu drehen: das land lag still
wie ein bild vorm dritten schlag des auktionators.

ein dorf mit dem rücken zum tag. in gruppen die bäume
mit dunklen kapuzen. rechteckige felder,
die karten eines riesigen solitairespiels.

in der ferne nahmen zwei windräder
eine probebohrung im himmel vor:
gott hielt den atem an.

fenchel

knollen vor einem gemüseladen im winter –
wie bleiche herzen, sagtest du, gedrängt
in einer kiste, wärme suchend – so daß wir

sie mit uns nahmen und nach hause trugen,
wo feuer im kamin entzündet war,
wo kerzen auf dem tisch entzündet waren,

und ihnen halfen aus ihrer dünnen haut,
die strünke kappten, die zitternden blätter entfernten
und sie zu feinen weißen flocken hackten,

wartend, bis das wasser kochte,
die fensterscheibe blind war vom dampf.

melonen

(markttag in pizunda)

ein haufen majestätischer verschwörer
mitten zwischen den ständen, mitten zwischen
den rufen der händler, hüten sie kühl und ruhig
das süße rote königreich des fruchtfleischs,
für das dem trubel die papiere fehlen.

einen wimpernschlag lang nur glaubst du sie nervös
am goldenen uhrband des sommers nesteln zu sehen:
ein kleiner junge, lippen und finger vom saft
verklebt, lacht und spuckt einen kern in den mittag,
der glänzend einen augenblick verharrt
und dann zu boden fällt.

haute coiffure

der goldene schraubstock des spiegels hielt den blick:
sie mit roten nägeln, ich mit weißem
tuch bedeckt wie ein museumsstück.

dicht über meinen ohren zwitscherte
die schere. o duftende dienerschar
von cremes und flakons! das wasser plätscherte,

doch unten rotteten auf glatten fliesen
die flusen sich zusammen gegen uns,
ein stiller mob mit einem alten wissen.

draußen heulten hunde, frisch geschnitten
sträubte sich mein nackenhaar,
und in mir riß der wolf an seiner kette.

kohlen

auf klappernden pritschenwagen durch die stadt
im spätsommerlicht – die nacht in kleinen stücken.

von kräftigen armen von einem keller in
den nächsten gelagert (von dem der erde in meinen),

schweigend, wissend, kalt: ein haufen
von schwarzen augen, die nicht blinzeln werden.

bis sie im feuer zu liegen kommen.
bis der uralte wald in ihnen zu sprechen beginnt.

in mitteleuropa

»Ich lebe grad da das Jahrhundert geht«
– Rainer Maria Rilke –

das quietschen eines güterzuges, morgens:
ein keil, der sich in den unreifen himmel treibt;
plakate, die sich immer ungelenker
bemühen, kahle wände zu verbergen;
die ganze stadt ein riesiges ensemble,
das die instrumente vergaß – das ist schon viel
zuviel für manchen, um es zu ertragen.

wir, die wir geschäftig sind
tief in uns selbst – wir merken nicht
wie sich die welt um uns allmählich leert,
bis die stille so groß ist, daß wir zusammenzucken.
die tage indessen gehen gemächlich vorüber,
als wären sie auf einem schaufensterbummel.
die nackten puppen hinterm glas
mit den schreckgeweiteten augen …

die telefonzellen am ende der straßen
hier, in mitteleuropa – nachts
kannst du sie leuchten sehen, voller erwartung.

(in memoriam Wolfgang Winterscheidt)

ein bericht aus dem überschwemmungsmonat november

der regen hatte nicht aufhören wollen,
rebellische pamphlete
auf die oberfläche des flusses zu nageln.

in unserem schlaf begannen sich risse zu bilden.
unaufhaltsam drang der fluß durch sie
hindurch und grub sich ein zweitbett in unsere träume.

ein weiterer tag, und er herrschte über die keller.
die stiege: ein bassin. und treibend darin
die christbaumkugeln – der fluß hielt uns glasperlen hin.

was bleiben wird, wenn er fort ist? linien,
dicke linien von schlamm: der riesenhafte
fingerabdruck eines flüchtigen,

der weiß, daß man ihn niemals fassen wird.

greenpoint

die alten fabrikanlagen am east river,
vor langer zeit an land gezogene
stein gewordene überseedampfer.

selbst die vielen zeitungen ruhen nur
kurz aus auf den ständen – schwärme seltsamer vögel
mit kehligem ruf, die auf der durchreise sind.

das geheimnis der bäckereien in manhattan
avenue ist es, aus bitterem süßes zu kneten:
im hefezopf geht das riesengebirge auf.

die fenster verschließen sich jäh deinem blick.
der regen auf den aluminiumdächern –
tak, und wieder: tak, und: tak tak tak –

erst zögerlich. dann dröhnende bejahung.

forsterstraße

der tag hatte die hitze auf den straßen
stehengelassen wie einen schweren koffer.
der mond vorm offenen fenster war halb voll
oder bereits halb leer.

kein windhauch. in den hinterhöfen pfiffen
die ratten durch ihre labyrinthe aus luft,
unter uns erwürgte irgend jemand
seine posaune im schlaf.

dein weißes laken war ein briefumschlag,
nicht abgeschickt, dein rotes haar die marke.
der krug mit wasser war bereits halb leer.
nein, er war halb voll.

im norden

wo die flachen feldsteine von den bergen träumen,
tragen die wolken das ganze jahr
transparente mit der grauen aufschrift »herbst«,

treiben von osten und westen die meere
gehöfte und häuser zu dörfern zusammen.
das salz, das sich notizen macht in den seiten

der luft. die bäume, in den wind gekrümmt,
vornübergebeugt nach löchern im erdboden suchend
wie nach verlorenen zehnpfennigstücken.

im langen riedgras kauern die kirchen aus weißem
rauhen stein: aus schmalen fenstern blicken
sie unverwandt und trotzig in den himmel,

wartend darauf, daß gott als erster blinzelt.

Guerickes Sperling
(2004)

guerickes sperling

»... köstlicher als Gold, bar jeden
Werdens und Vergehens ...«
– Otto von Guericke –

was ist das, unsichtbar und doch so mächtig,
daß keine kraft ihm widersteht? der kreis
von bürgern rund um meister guericke
und seine konstruktion: die vakuumpumpe,
die auf drei beinen in das zimmer ragt,
vollendet und mit der obszönen grazie
der *mantis religiosa.* messingglanz,
die kugel glas als rezipient: hier sitzt
der sperling, der wie eine weingeistflamme
zu flackern angefangen hat – die luft,
die immer enger wird. vorm fenster reifen
die mirabellen, summt die wärme, wächst
das gras auf den ruinen. an der wand
ein kupferstich vom alten magdeburg.
die unbeirrbarkeit der pendeluhr,
diopter, pedometer, astrolabium;
der globus auf dem tisch, wo eben erst
neuseelands rückenflosse den pazifik
durchschnitten hat, und wie aus weiter ferne
das zähe trotten eines pferdefuhrwerks.
»dieser tote sperling«, flüstert einer,
»wird noch durch einen leeren himmel fliegen.«

botanischer garten

dabei, die worte an dich abzuwägen –
die paare schweigend auf geharkten wegen,
die beete laubbedeckt, die bäume kahl,
der zäune blüten schmiedeeisern kühl,
das licht aristokratisch fahl wie wachs –
sah ich am hügel gläsern das gewächs-
haus, seine weißen rippen, *fin de siècle*,
und dachte prompt an jene walskelette,
für die man sich als kind den hals verdrehte
in den museen, an unsichtbaren drähten,
daß sie zu schweben schienen, aufgehängt,
an jene ungetüme, zugeschwemmt
aus urzeittiefen einem küstenstrich,
erstickt an ihrem eigenen gewicht.

der falschspieler mit dem karo-as

(Georges de La Tour, um 1630)

der jüngling mit dem teint von porzellan-
puppen – ihre lider senken sich,
legt einer sie aufs kreuz. das karo-as,

ein blinzeln in der hinterhand des spielers,
die schwere fußangel aus rotem wein
in kelchen aus kristall. und immer flüstern

die kurtisanenfinger. schwarz die wand.
man denkt sich eine schenke hinter ihr,
gelächter, hirschgeweihe, derbes krachen

von krügen voller bier: hier ist die luft
so dick, daß kein besinnungsloser fällt.
ein schritt hinaus nur in die stadt, die gassen,

durch die der nachtwächter das blasse auge
seiner laterne trägt. wohin er geht,
teilt sich das dunkel. schließt sich hinter ihm.

weihnachten in huntsville, texas

als der strom an diesem abend
zusammensackte, flackerten die lampen
am weihnachtsbaum, erloschen. in der ferne
der spätzug. wir, die nacht, der bratenduft –
die gänse schwammen friedlich in den seen
aus weißem porzellan. im mondlicht
die abgenagten knochen der veranden.
wir lauschten auf die leicht bewegte wiege
des großen waldes, der die stadt umfängt,
dann kehrten die choräle ins radio zurück.
in jedem fernseher saß ein präsident.
der bahndamm, ohne anfang, ohne ende.
der gänsebraten.

coney island

vorm bahnhof der mann ohne arme verkaufte armlose
madonnen aus bemaltem gips. in einem transistorradio
entlud sich ein politiker. möwen übten sich in
variationen über die heiserkeit. der sand schleppte sich
zur promenade hinauf wie ein verdurstender. ein
einziger laden mit hochgezogenem rouleau. koko, der
killerclown, verhieß ein plakat. »kommt rein«, rief der
besitzer (ein alter mit dem lächeln einer sense), »kommt
rein, und ihr wollt niemals wieder hinaus.«

stammershalle

was von der stadt geblieben war: ein bund mit schlüsseln
tief im dunkel des koffers, kühl wie ein schwarm von sardinen.
abgeschiedenheit öffnete uns ihre flügeltüren.
klippen entstiegen dem wasser, ließen sich nieder als land, im
rapsfeld die friedliche herde bronzezeitlicher gräber –
bautasteine, angepflockt am eigenen schatten.
an den hängen fielen die spatzen als flauschige salven
über die kirschbäume her und ihre winzigen bojen,
ohne unterlaß buchstabierte das meer seine bläue.
möwen glitten auf ihrem gelächter an uns vorüber,
kiesel rollten die augen unter der brandung – wir füllten
unsere sommertaschen mit ihren geschliffenen blicken.
nachts in der ferne der leuchtturm, tastend mit dem weißen
stock seines lichtstrahls über den wellen. löschten wir später
auf dem balkon die lampe, kamen die falter zur ruhe,
zitternde seismographen an der wand. auf der leine
morgens unsere trikolore aus hemden, fast trocken.

der veteranengarten

»*Again he fighting with his foe, counts o'er his scars,*
Tho' Chelsea's now the seat of all his wars,
And fondly hanging on the lengthening tale,
Reslays his thousands o'er a mug of ale.«
– Sir John Soane, Inschrift im Summerhouse
des Royal Hospital, London –

die veteranen wachsen aus dem gras
empor in ihren ehrenuniformen;
die schweren messingknöpfe blinzeln matt
ins späte licht des nachmittags zurück.
sie wachsen aus dem gras wie in den mythen
das heer der ausgesäten drachenzähne.

die veteranen zeigen ihre zähne
auf fotos, die so braun wie altes gras
geworden sind – vergilbter noch als mythen.
der kampf, sagt jener grieche, ist der formen
beginn, und alles führt zu ihm zurück.
die veteranen steigen auf das matt-

erhorn ihrer erinnerung, das matt
im gegenlicht erstrahlt. die falschen zähne,
die längst schon in der ebene zurück-
geblieben sind. fast unbemerkt im gras
die enkel, glücklich mit geringsten formen
des spiels – ein gegensatz zum kaum bemühten

versuch der veteranen, sich beim mythen-
umrankten spiel der könige ins matt
zu setzen. (die die weißen steine formen,

benutzen elfenbein und walroßzähne.)
im veteranengarten wächst das gras.
die schnecke gleitet in ihr haus zurück.

die veteranen denken oft zurück
und kaum nach vorne. so entstehen mythen.
die enkelkinder spielen auf dem gras,
in das die kameraden bissen, matt
vom kampf. zu leben heißt: man muß die zähne
zusammenbeißen. und das schicksal formen.

die schwestern tragen weiße uniformen
und sind doch warm. sie rollen sie zurück
ins haus, wenn erste sterne ihre zähne
entblößen, und ein ganzes heer von mythen
folgt ihnen auf die zimmer. wo es matt
war vom gewicht, erhebt sich nun das gras.

die dunklen formen wandern übers gras –
man mag an zähne denken. oder mythen.
der könig bleibt zurück in seinem matt.

smithfield market

was wir hier suchten, hier verloren glaubten?
wer weiß. erhellt hinter der abgelebten
fassade einer frühen morgenstunde
der alte markt, die halle, ihre stände
mit rohem fleisch beladen: über kisten
und tiefkühltruhen an der decke kreisten
die schwärme blanker haken. lose rippen,
im kilo billiger, in kleinen gruppen
die schlachter – rauchend, zeitung lesend, scherzend.
der plan aus blut auf ihren weißen schürzen
nicht zu entschlüsseln. plötzlich vis-à-vis
der abgetrennte schweinskopf hinter glas.
in seinen zügen auf den zweiten blick
zufriedenheit und so etwas wie glück.

bei dornbirn

im tal das leise rauschen, durch das
der schatten der seilbahn wie ein senkblei wandert.

die stumme sprache der dinge. die rinde am stamm.
der wald, der die geduld der arche hat.

hinter der biegung, am ende der klamm,
die brüllende weiße mähne des wasserfalls.

wer abends müde heimkehrt aus den bergen,
dem eilt der dunkle zwilling auf stelzen voraus.

kolumbus

kolumbus steht versunken da, die tafel
ist eine leere fläche. grün das segel draußen
des ahorns und der lärm von genua;
ein wind vom hafen her, wo die matrosen
mit scharfem atem von antilia schwafeln,
der aussätzige seine stigmata
wie eine karte ihre weißen male
zur schau stellt, sich die taue an der mole
im schlaf zusammenrollen und die schrift
des tangs verwischt, geschrieben wird, verwischt –
als ob das meer noch lerne, mit kolumbus
gemeinsam, der sich eben jetzt die kopfnuß
vom lehrer einfängt: hart und so bestimmt,
daß der boden unter den füßen zu schwanken beginnt.

kleinstadtelegie

die schattenkarawane, jeden morgen
ihr aufbruch, und die waschanlage,
die stets aus einem reinen schlaf erwachte.

und in den lieferwagen pendelten
die schweinehälften zwischen ja und nein,
den linden wuchsen herzen. und es paßte

nicht mehr als ein blatt papier zwischen mich und die welt.
und in den gärten, hinter allen hecken
verkündeten die rasenmäher den mai.

saint-just

»*To the like effect, or still more plainly, spake young
Saint-Just, the black-haired, mild-toned youth.*«
– Thomas Carlyle, *The French Revolution*, Vol. III –

»das wahre glück: den unglücklichen helfen«.
ein satz von meiner hand. mit idealen,
mein freund, bist du so einsam unter menschen
    wie die axt im wald.

der citoyen prudhon hat ein portrait
von mir geschaffen. mein gesicht darauf
so fein und transparent – fast sieht man sie,
    die wand dahinter.

die nationalversammlung und das pult,
das seiner redner harrt: ein falsches wort,
ein laut zuviel nur, und der beifall rauscht
    als fallbeil herab.

regenwürmer

in jenem sommer lag die erde rissig
und trocken da. mit wechselstrom und drähten
im boden schufen wir ein falsches wetter,
die würmer anzulocken, jene zwitter
an dünne haken auszuliefern. jahre später

seh ich am himmel ihre schatten ziehen, riesig,
in dunklen wolken, präsentiert sich mir die welt
vorm fenster als kaltes quadrat. ich warte auf das klopfen
an meiner tür, und vor der scheibe fällt und fällt
der regen. ich mißtraue jedem tropfen.

ein japanischer ofen im norden

für Jan Kollwitz

I

der schrei eines hahns
färbt den frühen himmel rot:
der ofen geht auf.

II

samen, sprungfedern
im grund. die sonne kappt das
blaue band des frosts.

III

blüten zu blüten:
die schmetterlinge, die in
die wiesen fallen.

IV

tiefgrün der weiher.
das verschollene epos
der wasserflöhe.

V

hinter den zäunen
am wegrand: leuchtend gelbes
orchester aus raps.

VI

immer gleitend auf
dem eigenen spiegelbild:
der wasserläufer.

VII

die weizenfelder
tragen das meer übers land.
kenternder traktor.

VIII

ein leichter wind schon
reicht im frühherbst und entfacht
die hagebutten.

IX

auf den feldern auf-
gerollt die ballen von heu.
das land knöpft sich zu.

X

reglos der reiher –
rüstung, die ein samurai
stehenließ, schimmernd.

XI

die wilden gänse
schwarz am himmel. flugasche
die nach süden zieht.

XII

festgefroren liegt
das land. unsere schritte
signieren den schnee.

in wendisch-rietz

in wendisch-rietz auf leeren stegen,
an deren holz mit kalten sägen
der herbst zugange ist, zu zweit;
und während eine wildgans schreit
auf ihren unsichtbaren wegen,
streunt uns die dämmerung entgegen
mit feuchtem fell, beginnt ein regen
die ruderboote, fest vertäut
      in wendisch-rietz,
mit harten salven zu belegen.
die reiher dort, wie zwei strategen
am flachen ufer aufgereiht.
in ihrer nähe scheint die zeit
zu stocken, nichts sich zu bewegen
      in wendisch-rietz.

eberhardzeller ekloge

der himmel abends mit den farben von
gesangbuch und von schlehenschnaps. die hügel
sanft und wie von meisterhand radiert.
fachwerkhäuser, die im schatten grasen.

gestärkte weiße hemden in den schränken
warten auf den toten, der ihnen paßt.
das bellen eines hundes läßt
die stille wachsen. und die stille wächst.

störtebeker

»*Ich bin der neunte, ein schlechter Platz.*
Aber noch läuft er.«

– Günter Eich –

noch läuft er, sieht der kopf dem körper zu
bei seinem vorwärtstaumel. aber wo
ist er, er selbst? in diesen letzten blicken
vom korb her oder in den blinden schritten?
ich bin der neunte, und es ist oktober;
die kälte und das hanfseil schneiden tiefer
ins fleisch. wir knien, aufgereiht, in tupfern
von weiß die wolken über uns, als rupfe
man federvieh dort oben – wie vor festen
die frauen. vater, der mit bleichen fäusten
den stiel umfaßt hielt, und das blanke beil,
das zwinkerte im licht. das huhn derweil
lief blutig, flatternd, seinen weg zu finden
zwischen zwei welten, vorbei an uns johlenden kindern.

karpfen

der fischteich lag versteckt im toten winkel
hinter der kirche. als ich meine krumen
hineinwarf, hob das wasser an zu brodeln:
die karpfen suhlten sich in ihm, die leiber
von stille fett, grünbraun – als wärs der schlamm,
der gierig an die oberfläche drängte
mit breiten bleichen mäulern. bis der teich
so glatt wie eh und je war. ein orakel,
ein märchenspiegel. tümpel oder tempel.

es war das jahr, als großvater uns nicht
besuchen kam. beim gleis verneigten sich
die schranken in livreen aus rot und weiß,
die apfelbäume breiteten die schatten
als kühle tücher für mich aus. am himmel
ein blau von eiserner gelassenheit.
nach jedem kurzen sommerregen hingen
die felder frisch vom horizont. es war
ein freitag, meine mutter rief zu tisch.

hauch

von ihrem nacken dieser hauch *chanel*,
als wir den unfall sahen: am kanal-
grund lag ein auto, dessen lichterkegel
schon brechen wollten, hinter einem spiegel
gefangen, der fast ruhig schien, doch die retter
nicht einließ. an den ufern absperrgitter
und wie in stein gehauene voyeure;
ein schwarm von tauben, der durch die voliere
des abends flog. wie oft spürt man die nähe
der toten seelen? kaum daß sich die mühe
zu zählen lohnte. in den wohnungsfenstern
fing sich das netz des blaulichts, halb im finstern
verloren lag die szenerie, versank,
als wir beschleunigten. *numéro cinque.*

landkarte

die tiefen dunkelblau, die höhen weiß
von schneefall. überm osten hängt die wolke
des himalaya, nordamerika

betrachtet sich im kalten spiegel grönlands.
alles liegt nah und findet seinen maßstab
im auge des betrachters. eine hand

verdeckt den ozean, und bloße finger
bezwingen ein gebirge. keine wolke,
die weiterzöge, dunkel würde, und

kein spiegel, der zersplittert. doch die ruhe
ist trügerisch. und ungeduldig zappeln
die kontinente in dem netz aus graden.

schleuse (neukölln II)

das licht um sechs uhr morgens, die dinge
noch nicht ganz bei sich. oder ganz sie selbst.

anfang märz, der blick aus dem fenster:
die ganze stadt steckte fest im eis.

am balkon gegenüber der leere kapitän,
ein blaues jackett, das sich drehte, drehte.

das licht aber floß durchs fenster herein.
hob uns aufs nächsthöhere niveau.

von einer scholle im weddellmeer

(Shackleton-Expedition, 1915)

der letzte schlittenhund ist filetiert,
und unser tisch ist immer festlich weiß.
die welt, von der man alles subtrahiert,
nur hunger, tod und kälte nicht: das eis,

die nackte schöpfung. unser schiff, von vorn
und hinten eingefroren, mit der zeit
zermahlen wie ein bloßes pfefferkorn,
verschluckt. dann schloß die decke sich erneut.

die dünne hoffnung, daß wir mit der drift
und guten winden nach nordwesten treiben;
das warten, das ein abgenagter stift
mit worten anzureichern sucht, das schreiben

von briefen – unfrankiert und nie versandt.
drei meter unter uns beginnen tiefen,
durch welche wale gleiten, und kein land,
wo man auch hinsieht. nur die hieroglyphen

der vögel, in ein blaues licht getaucht,
ein albatros, der über uns hinweg-
zieht, eine möwe. und der ofen raucht,
genährt von schlittenholz und robbenspeck.

es frißt sich von den rändern bis zum herzen
der scholle stetig vor. dort kauern wir,
vom ruß verklebt, wie lettern nach dem schwärzen.
die blanke fläche. dieses blatt papier.

Achtzehn Pasteten
(2007)

der mann aus dem meer

man findet ihn in einem frack aus salz
und sand. ein paß aus algen, ein ensemble
von heringsmöwen hinter ihm. der nebel.

er spricht nicht, dafür läßt er am klavier die filz-
brandung hüpfen, durchs gehäuse wogen,
daß man erstaunt. die schweren epauletten
der hände, die sich auf die schultern legen;
die stunde ruhm, die ära der tabletten,

die nächte im herbst: auf den gängen treiben die pfleger
wie eisberge vorüber. in dem klinik-
garten unter den mauern ein geflacker
letzter blätter, aus dem alten schuppen,
an dem der efeu steigt, gedämpftes klingen
eines klaviers. man hält es für chopin.

dobermann

dies ist das dorf, und dies am waldesrand
die wasenmeisterei, von deren dach
ein dünner rauch sich in den himmel stiehlt.

die leeren felle an der wand. der korb
mit welpen, ihre augen noch vernäht
von blindheit: so beschnüffeln sie die welt.

noch ist es früh, und in den städten schlafen
die landvermesser und die kartographen.
im garten jener brunnen voller durst.

apolda, thüringen: die tote kuh
am feldrand, ein gestrandeter ballon,
von seuche aufgebläht. sie wird

dort liegenbleiben: unter einem kleingeld
von sternen schreitet er, an dessen seite
zwei schwarze klingen durch die landschaft schneiden.

holunder

für Richard Pietraß

wofür die tinte, fragt man, im geäst
die schwarzen tropfen, die sich unverhofft
zum amselklecks verdichten? welcher text
für welches grundbuch, welches heft?

neben der alten scheune, wo in den beeten
das land versickert, hinterm zaun. der duft
der doldenrispen im april, das bütten-
papier, das er aus seinen tiefen schöpft,

während die wäsche trocknet, an der stange
zu flattern beginnt, die amseln sich in dohlen
verwandeln. welches süße oder strenge
geheimnis, fragt man, wird er mit uns teilen,

wenn wir im herbst ums dunkel der terrinen
versammelt sind, mit unseren blankgeputzten
silberlöffeln, jenen allzu reinen
sonntagshemden, schweigsam wie kopisten?

grubenpferde

die grubenpferde wurden abgetragen
wie warme flöze. jeder tag nahm schichten
von ihnen fort. in stollen, förderschächten:
die grubenpferde wurden abgetragen.

wenn sie die ohren spitzen, hören sie
die rufe: grubenlampen, die zyklopen,
ihr kohlgeruch. tief in sich selbst das klopfen,
wenn sie die ohren spitzen, hören sie.

ein zuckerwürfel und ein büschel gras;
ein wind auf schwarzer wiese, wo ein hund
die bäume scheuen läßt. die kinderhand,
ein zuckerwürfel. und ein büschel gras.

der palmenkletterer

wir waren nicht die ersten, nicht die letzten,
die stehenblieben, als der gärtnerjunge
hinanstieg wie ein liebender. kein wind,
die hitze stockte; nur die flinken zungen
der eidechsen, die über mauern leckten,
als er die krone faßte. und verschwand.

wir standen nicht als einzige im blaken-
den mittag, hoffend, daß er wiederkehre,
postiert wie für ein gruppenfoto, wie
erstarrt und vorm gesicht die schwarzen balken
der sonnenbrillen. auf dem weg die karre
ging vor der eigenen leere in die knie.

wir waren nicht die ersten, die am warten
verzweifelten – hoch über uns der kompaß
aus palmenblättern, seine grünen spitzen
vor einem richtungslosen blau –, die schwitzend
sich trennten, weiterwandelten. fürbaß,
zum rosenhain, dann zum kakteengarten.

(Jardín Botánico, Valencia)

der schneider von ulm

für Rolf Huß

der könig war längst fort, die prinzen
gelangweilt in den kutschen, hörte ich: das flüstern
war ein tumult geworden, ein gedränge
zur stadt, zur schenke hin. an mauern brunzen-
de hunde, walnußschalen auf dem pflaster,
und hier und dort und ihr voraus trieb auf der menge

die haube einer dame, bojen-
rot. der fluß, das boot: man hätte denken
können, daß die männer nichts als netze
und reusen bargen oder man aus bayern
herüberfuhr, um etwas zu versenken
wie einen sack mit jungen katzen.

quallen

»*The very deep did rot: O Christ!*
That ever this should be!«
– Samuel Taylor Coleridge –

sie waren immer da. an jenem morgen
jedoch schien sich das wasser zu verhärten
ums boot herum. das ruder stak im meer
wie in zu dickem eintopf, und wir männer
erschraken. abends war der strand,
die promenade voll von fremden leuten.

wie kleine glocken, nur daß man ihr läuten
nicht wahrnahm, rief am nächsten morgen
der mann, der sich ein holzpodest am strand
errichtet hatte. noch im halbschlaf hörten
wir, wie er in den küstenwind um manna
zu flehen schien. das zähe, bleiche meer.

drei tage, und es wurden immer mehr.
als gäbe es bis zu den aleuten
nur unser dorf, sonst keines: muskelmänner
und primadonnen, buden, »magic morgan
und sein panoptikum«. und ganze herden
von trunkenen, die sich vom ost- zum westrand

der bucht ergingen. erst als selbst der strand
bedeckt war von gallerte, sich das meer
hinanschob, gingen sie, und die behörden
umzäunten das gelände. von den leuten
sprach niemand mehr von omen, von dem morgen
des jüngsten tages, von klabautermännern.

wann wird die ausnahme zur regel? männer
mit fahne, unrasierte ministrant-
en, löcher in den kleidern. ob es morgen,
ob abend war – es scherte keinen mehr.
zur mittagsstunde dreizehnfaches läuten.
und kinder, die zu niemandem gehörten.

erst schenkte man dem jungen kein gehör, denn
es schien kaum glaublich. bis es uns zwei männer
bestätigten. bald hatten alle etwas läuten
hören, strömten zusammen: hinterm strand,
als wäre nichts geschehen, lag das meer,
der lauf der wellen. – morgen, übermorgen

die frauen an den herden, die am morgen
schon mit den töpfen läuten, und am strand
wir männer, schweigend, mit dem blick aufs meer.

houdini im spiegel

ich werde jetzt aus diesem kalten glas
ins freie treten, wo die schatten arglos
durch sommerstraßen wandern. einen spiegel
trennt nichts vom scherbenhaufen als der nagel:
es kommt auf das detail an, das gewisse
etwas. doppelböden nicht, das weiße
kaninchen nicht. mein dunkles haupthaar glänzt,
nur an den schläfen steigt es auf: ein dunst
lag auf der seine, und ich in ihrem schlick
in ketten. oben gafften leute, schlug
die dämmerung ihr blasses zelt auf, als ich
die bande löste, sich die glieder endlich
wie aale durchs zu weit geknüpfte netz
ins freie schlängelten. ich gehe jetzt.

dezember 1914

*»One of the nuts belonging to the regiment got out of the
trenches and started to walk towards the German lines.«*

natürlich dachten wir, daß sie plemplem
geworden waren, als sie ungeschützt
aus ihrer deckung traten, nur mit plum-
pudding und mistelzweig – doch kein geschütz

schlug an. wir trafen sie im niemandsland,
unschlüssig, was zu tun sei, zwischen gräben
und grenzen, schlamm und draht, und jede hand
an ihrer hosennaht. bis wir die gaben

verteilten: einer hatte zigaretten
dabei und einer bitterschokolade,
ein dritter wußte mittel gegen ratten
und läuse. die an diesem punkt noch lade-

hemmung hatten, zückten nach dem rum
familienfotos, spielten halma
und standen lärmend, wechselten reihum
adressen, uniformen, helme,

bis kaum etwas im schein der leuchtspurgarben
auf diesem aufgeweichten, nackten anger
zu tauschen übrigblieb außer den gräben
im rücken, ihrem namenlosen hunger.

der schläfer im wald

»*Nature, berce-le chaudement: il a froid.*«
– Arthur Rimbaud –

er ist den tiefen schlaf noch nicht gewöhnt –
lang hingestreckt auf einer lichtung liegt er,
verlegen lächelnd wie ein frisch verliebter –,
den schlaf, das dunkel, das ihm innewohnt.

um ihn das kalte handwerk der natur:
der spechte klöppeln und die weberschiffchen
des mückenschwarms. in weichen chiffren
im hohen ufergras die ringelnatter.

er schläft, und nicht des flusses wasser
läßt ihn erwachen, nicht das entenschnattern;
das grün der uniform läßt ihn noch weißer

erscheinen, den das sonnenlicht vermißt:
hier endet er, und dort beginnt sein schatten.
ein rosenstrauß an seine brust gepreßt.

elegie auf den klugen hans

wie du dort stehst im hinterhof
eines jahrhunderts, sich die leute
um dich drängen – das orakel
der mietskasernen, der delphische huf ...
was man da scheppern hört, könnte ein leiter-
wagen sein. weit weg die drehorgel.

nicht wie die anderen, wie berta,
grande dame unter dem längst vergilb-
ten himmel einer zirkusplane;
kein tänzeln für die knebelbärte,
kein federschmuck am kopf und kein galopp
um eine null aus sägespänen.

ein tag wie dieser vielleicht: ein sommer
mit einem aufruhr von mauerseglern
über den dächern, wenn der huf
die antwort weiß und eine summe
aufs pflaster hämmert. weiter weg ein schlager.
in diesem augenblick geht alles auf.

erst später die säcke am sattel,
die feldpost richtung flandern, somme,
arras; der herbst, ein totentanz,
und berta – jene aus kälterem stall,
aus stahl. der pulverdampf, granatensummen.
erst später die gezählten tage, hans.

anomalien

woher der zettel kam – nicht auszumachen,
von nichts gewußt zu haben ehrensache,
doch unleugbar die neuigkeit: herr richter
besaß drei brustwarzen. das dünne kichern
der mädchen hinter uns – als würden steck-
nadeln herunterfallen. vor dem fenster
vorweihnachtlicher schnee, ein zug weit weg,
der kurz das felderweiß vom weiß darüber trennte,
als wir beim klingelton zusammenzuckten:
im flur auf endlosen regalen hockten
in ihren himmeln aus formaldehyd
die nackten kleinen götter, sahen stumm
uns nach. als ahnten sie, was tief unter der haut
verborgen lag, heranwuchs, und warum.

dung

man hatte vorhänge vors licht gezogen,
daß es schon mittags dämmerte, doch draußen
der neuschnee flirrte. auf den dielen lagen
die leeren gummistiefel eines riesen.
erwachsene in schwarzem kleid und kragen,
die türen öffneten und türen schlossen,

und wieder stille – bis auf diese dumpfen
laute von weit her, wie von gesang.
als tante mia, die nach schnaps und kampfer
roch, meine hand nahm, lief ich durch den gang
zur haustür, stockte in der kälte: dampfend
im hof die herbe braune glocke. dung.

aus: *achtzehn pasteten*

I

(shepherd's pie)

schafe sind wolken, die den boden lieben.
der schäfer liebt marie. streut nüsse auf
den hang, souffliert die drei berühmten worte.
die herde blökt, frißt sie als weiße schrift
aufs tafelgrün. dahinter springt der punkt,
der hirtenhund. am grund des tales zieht
man abendschatten vor die fenster. sieht
den hang nicht und die hügel, nicht die wolken.
wolken, die schafe sind, vom wind getrieben.

2

(pâté chaud de harengs aux pommes de terre)

als joost, der fischer, sich links an die brust griff
und torkelte, verstanden wir: das herz.
als junger mann sei er auf einem frachtschiff
zur see gefahren – veritabler schürz-

enjäger, trinker –, hieß es, und das meer
sei blau und weit der wind. doch er blieb stumm.
selbst wenn nicht wasser in den gläsern war,
das rote auge seiner pfeife glomm;

und glaubte man, daß er sich zu erwärmen
begönne, etwas ihm im mundwinkel
zu zucken schien, sprach er bloß von den schwärmen
tief unten. jenem flossenschlag im dunkel.

3

(bouchées à l'américaine)

der fernseher stumm gestellt, am ohr der hörer,
doch in der muschel nur noch der atlantik:
vor dem motel ein packeis
von cadillacs, das zynische hurra
am fahnenmast, die dämmerung und ständig
der wind. später am abend pfiffen pikas.

die fliege auf dem bildschirm lief von kinn
zu nase und von ohr zu stirn – als hätte
sie ihr geheimes ziel. die talkshow, dann reklame:
die münder schlugen auf und zu. der wind,
der an den türen reißt. die geisterstädte
in arizona. oder oklahoma.

4

(cheese and onion pastries)

> *»Mein Herz ist aus Stein, sagen die Männer,*
> *aber was wissen die von Steinen.«*
> – Maria Barnas –

was ich von steinen weiß, ist ihr gewicht
im bauch von wölfen, und im bauch von brunnen
das echo nach dem fall; wie ich sie grübeln
zu sehen meinte, nachts im mai einmal
an einem berghang, mondbeschienen, fahl
wie zwiebeln. aber was weiß ich von zwiebeln,
bis auf ihr kleid aus schalen und das brennen,
ihr herz, das sich zurückzieht, schicht um schicht.

5

(genueser gemüsepastetchen)

I

das schlingern durch die stunden,
bevor die fähre fuhr, durchs hafen-
viertel, die gassen. du, verschwunden
in einem schuhgeschäft, und ich, unter den hufen
der mittagshitze, zerschlagen von jenem traum
von zuviel wasser, sah die schatten,
den heiligen in seinem interim
aus stein, in gutem tun erstarrt. entschieden
nichts. die aufgeknüpften trockenfische
der händler, salzig, zäh wie fetische,
das blau hoch oben auf den leinen.
der drache hätte ebensogut spotten
können, georg auf der lanze lehnen,
ein müder arbeiter auf seinem spaten.

II

es lasse korsika
sich schon am duft erkennen, heißt es, lange
bevor die insel auftaucht aus dem meer.

6

(terrine de mouflon)

die tiere trabten wieder auf den hügel,
wo sie erstarrten: die voluten,
ihr ionisches gehörn … im aufgewühlten
gras um mich verstreut, die strengen siegel

der losung. später bei den zelten winkten
die posten mich vorbei. der lärm der männer
an ihren lagerfeuern, dunkle banner
von rauch, die zwischen grund und himmel schwankten.

ich schreibe dir nachts – die sterne grün wie kapern
über mir –, da alles schläft. mein gruß
nach haus. an meinem bein der bluterguß
wächst immer noch, hat schon die form von zypern.

8

(terrine de campagne)

mehr warzen auf der hand des schlachterjungen
als heilige im himmel: das war sicher.
im busch versteckt wie hinter wolkenhängen
die götter, sah ich, als er mit dem kichern

von wetzstahl einen ast hob, seinen vater
und jene dame aus der stadt die tür
zum schlachtraum schließen, hörte wenig später
die spitzen schreie, das gequälte tier.

ein andermal, als ich vorbeikam, spritzte
man gerade mit dem schlauch das blut von chrom
und kacheln. an der decke das gespreizte
schwein, sein rätselhaftes ideogramm.

der junge, seine hand, die pantomime.
schöllkraut soll wunder wirken, sagt mamà.

II

(rissoles pompadour)

madame, ihr schönheitspflaster bringt die haut
zum leuchten – weißer als der schnee im park
an diesem morgen ist. der ganze himmel
der kühne traum eines perückenmachers,

die bäume, die alleen – alles weiß.
im lustgarten die putti, die sich im
verschwinden üben. beete, pavillons
und jene statuen auf der terrasse, die

in eiszapfen zu denken scheinen, klar
und kalt, madame. dort sehe ich den gärtner,
der mitten auf der wiese wie geblendet
vor einem maulwurfshügel steht, die schaufel hebt.

18

(quittenpastete)

wenn sie der oktober ins astwerk hängte,
ausgebeulte lampions, war es zeit: wir
pflückten quitten, wuchteten körbeweise
    gelb in die küche

unters wasser. apfel und birne reiften
ihrem namen zu, einer schlichten süße –
anders als die quitte an ihrem baum im
    hintersten winkel

meines alphabets, im latein des gartens,
hart und fremd in ihrem arom. wir schnitten,
viertelten, entkernten das fleisch (vier große
    hände, zwei kleine),

schemenhaft im dampf des entsafters, gaben
zucker, hitze, mühe zu etwas, das sich
roh dem mund versagte. wer konnte, wollte
    quitten begreifen,

ihr gelee, in bauchigen gläsern für die
dunklen tage in den regalen aufgereiht, in einem keller von tagen, wo sie
    leuchteten, leuchten.

pierre de ronsard: *der salat*

nur essig, öl und salz, jamyn, den rest
gibt die natur. du sagst, ich sei von sinnen,
weil mir nicht schmeckt, was anderswo verpraßt
wird, ich im garten bleibe? mag schon sein.

lieber im kreise meiner kardinäle,
der würdigen radicchios, ihrer bitter-
en lehre, der man kresse, pimpinelle
und schnittlauch beimischt, lieber dort die blätter

des löwenzahns, der sich durch eine kiste
aus lehm ins freie sägt, der chicorée
mit seinen weißen fackeln. mach nur, koste,
leg auch den lollo rosso in die karre,

die nussige rapunzel. nicht die letzten
sind mir die kopfsalate, hinterm knick
verborgen, ganz in sich zusammen-

gerollt, die ihre bleichen herzen schützen
vor allzu großer helligkeit. genug:
nun laß uns kauen, daß es kracht, jamyn.

tomaten

weshalb sollten sie sich schämen, dick
und rund am strauch? sie tragen ihre uhren
tief in sich selber, jene feinmechanik
aus kernen. werden reif, indem sie ruhen.

manchmal sieht man, wie sie sich bewegen,
und muß an klöppel denken, die ein wind
berührt – doch hört man keine glocken schlagen
(bis auf die grünen, die aus blättern sind).

sie kommen ihrer leuchtend roten kunst
im stillen nach, selbst nachts, selbst morgens, wenn den matten
sternen der stolz verfliegt. du aber kannst
ruhig etwas lauter reden. sag: tomaten.

agurkai

für Eugenijus Ališanka

ich glaubte zu verstehen, als ihr die luke
im küchenboden anhobt, dein bruder
hinabstieg, wir wie grabräuber
ums kellerloch standen. funkelnd in ihrer lake
die heringe, das kürbisgold, das glos-
en von erdapfelnuggets. schließlich jenes glas.

wir waren spät gestartet, an den balkonen
der vorstadt vorbei, der wäsche, die vom frost
geschmiedet worden war, den ballungen
aus winkeln und beton; durch einen forst,
auf straßen, die ins ungewisse schlitter-
ten, immer weiter – bis die wegweiser, die schilder

verstummten. das dorf, die hütten, ihre krücken
aus brennholz unter den traufen. gefroren die unken-
augen der brunnen, die menschen verreist
oder verstorben. unterm schuh das krachen
von harsch, und nur vom einen first
ein rauchsignal: dein vater, dein bruder winkten,

als wir in einer gischt von schnee durch diese schiwago-
landschaft mit ihren füchsen und fichten, im einzigen wagen
unter jenem abend nach hause fuhren –
vom rücksitz das glucksen, wo die eingelegten
gurken wie kompaßrosen im essig schwebten –,
anders, schien mir, als wir gekommen waren.

kaunas

es knirschte, wo die neris in die memel
griff. das eis, sein räderwerk aus schollen
hinter uns, die protokolle
der krähennester vor zu dünnem himmel,

unlesbar. in der ferne aber, stet-
ig kleiner werdend, rannten jene zwei figuren,
vorangepeitscht, umflattert von den schwarzen furien
ihrer ledermäntel, richtung stadt.

der park wie vorher, leer und zum erschrecken
weiß von schnee. jenseits des stroms der angler
an seiner schnur. wir standen, wurden dunkler
mit dem tag, die mündung noch immer im rücken.

staniszów

wo wir unter obstbäumen hielten.
wo mit grünen eidechsenfüßen
der efeu die wände des schlosses hinauflief,
die alten in ihre fischteiche starrten
wie in fotoalben. die fallenden
blätter im park. eine bachforelle
wagte den sprung ins nächste kapitel.

wo abends hinterm weißen mond
eines lampenschirms die falter kreisten,
schnurrend mit ihrer flügelmechanik,
die panischen ziffern einer uhr.
tage im langsamen monat august
und ein letztes aufschäumen in den beeten.
später auf dem autodach das trommeln
der äpfel, hart und klein wie kinderfäuste.

wejherowo

»No one left and no one came …«
– Edward Thomas –

ich erinnere mich an wejherowo,
den namen jedenfalls – und das gebräunte
schild überm steig. kein windhauch, keine rufe,
nur dieser julihimmel, sein sechssiebtel-
gewitterdunkel. eine hummel brannte
wie eine zündschnur langsam durchs abteil.

ein stand mit kirschen, seine kühle waage
aus silber, in der ferne ein paar kräne
auf viertel vor sechs. das räuspern im waggon,
die feinen risse draußen im asphalt –
das gras darunter setzte seine grüne
brechstange an. und immer noch das schild,

nirgendwo anders als in wejherowo:
ein schwarzer himmel, alle fahnen schlaff,
die kirschen immer praller, immer reifer,
als unser schaffner, rot wie ein gepei-
nigter, den steig betrat. ein schriller pfiff,
und die landschaft eilte von allen seiten herbei.

der bär

ist irgendwo dort draußen, belagert
die bienenkörbe und teiche, läßt
im gras die rot markierten schafskadaver
wie grenzsteine zurück. ein tief, das rast-

los weiterzieht, von hof zu hof, wo in der stille
der nacht ein hund bellt, wo der knecht zu spät
herbeieilt, in den hühnerställen
nur noch den blizzard weißer federn sieht.

das blättern in den alten märchenbänden
und zeitungen. das warten bei verriegelt-
en türen, druckerschwärze an den händen.
die katze, die sich hinterm ofen räkelt.

wie lange ist es her, daß helikopter
den himmel parzellierten? ewigkeiten
auch, seit die prozession dunkel bekappter
bauern vorbeizog, sensen schwingend, ketten

und fackeln. aus der sicherheit der stube
starrst du zum platz, wo sich das schweigen drängt,
mit der heraldik kalter gitterstäbe
der käfig wie ein leeres wappen prangt.

kerfany, die pinien

fegen den himmel aus. im sand die bretter
der surfer, weiße schulpe, blank geleckt
von salz und winden, und ein breiter
ring aus algen, den die brandung legt.

september; und ein letzter dackel
nimmt es auf mit dem meer. die ferien-
häuser, deren fenster mit dunkel
verrammelt wurden, abends in der ferne

die inseln, die mit der verschlossenheit
von austern ruhen. jenes rote kleid,
das sich im busch gefangen hat.
am hang die imbißbude glüht und glüht.

der westen

der fluß denkt in fischen. was war es also,
das sergeant henley ihm als erster
entriß, die augen gelb und starr, die barteln
zwei schürhaken ums aschengraue maul,
das selbst die hunde winseln ließ?

die stromschnellen und ihre tobende
grammatik, der wir richtung quelle folgen.
die dunstgebirge in der ferne,
die ebenen aus gras und ab und zu
ein eingeborener, der amüsiert
zu uns herüberschaut und dann
im wald verschwindet: all das tragen wir
in adams alte karte ein, benennen
arten und taten. fieber in den muskeln
und über wochen die diät aus wurzeln
und gottvertrauen. unterm hemd die zecken
wie abstecknadeln auf der haut: so nimmt
die wildnis maß an uns.

seltsames gefühl: die grenze
zu sein, der punkt, an dem es endet und
beginnt. am feuer nachts kreist unser blut
in wolken von moskitos über uns,
während wir mit harten gräten
die felle aneinandernähen, schuhe
für unser ziel und decken für die träume.
voraus das unberührte, hinter uns

die schwärmenden siedler, ihre charta
aus zäunen und gattern; hinter uns
die planwagen der händler,
die großen städte, voller lärm und zukunft.

nashorn

komm näher. seine augen sind zu stumpf,
um etwas zu erkennen außer schatten, dem geflimmer
von gras und hitze – und dem horn: ihm stampft
es hinterher wie schlafende dem finger

des hypnotiseurs. nicht eine wolke gleitet
über die ebene, während es trinkt,
zum nächsten schlammloch weiterzieht – gekleidet
in gleichmut, eine haut, die nichts durchdringt –,

sein tonnengrau durch die vergeß-
lichkeit von jahrmillionen schleppt, allein
mit jenem vogel: der buphagus,

den es auf seinem rücken balanciert
wie ein stück sèvresporzellan,
ein mokkatäßchen, überraschend zart.

subalpine meditation

eine krähe strich über wipfel fort und
kehrte wenig später als flugzeug wieder.
auf dem schrägen wiesengrund schob ein stier sein
    schwarz durch den mittag.

still das dorfmuseum, das in erwartung
letzter dinge ruhte (das dielenknarren);
tief im see die fährschiffe mit den schweren
    namen der kaiser.

mit dem licht erloschen die schafe, traten
berge in ihr dunkel zurück. hoch oben
kreisten satelliten, durchforschten den ge-
    klöppelten himmel.

blues im august

für Kevin Young

so leer der august, die zimmer voller
   uhren, allesamt zu spät:
      so leer der august.
der wind tritt durch mein fenster und befühlt
die pflanzen. sieht, daß alles still ist. geht.

so fern der august, das blaue segel,
   das gestern groß am himmel stand:
      so fern der august.
das warten, daß ein brief im kasten flattert,
der weiße vogel mit der nachricht: land.

so schwarz der august, ein bleicher trabant
   das gesicht, das über dem schreibtisch wacht:
      so schwarz der august.
und draußen an den straßenecken schmuggeln
die taxis ihre goldbarren durch die nacht.

teebeutel

I

nur in sackleinen
gehüllt. kleiner eremit
in seiner höhle.

II

nichts als ein faden
führt nach oben. wir geben
ihm fünf minuten.

augustín lópez: *the art of topiary*

(aus: »drei mögliche bücher«)

er machte sich im morgengrauen ans werk,
wenn alles schlief. bei sonne oder regen
war er dort draußen, ließ den wilden buchs
durch ringe springen, schnitt ihn längs der gatter
als kugel, pyramide, säulengarten
zurecht: so hörten wir die ganze zeit

die schere, sahen, wie er ohne sinn und zeit
für anderes natur mit drähten oder werg
in neue formen zwang: ein irrgarten
mit minotaurus und der goldregen
der danae; ein tor mit fallgatter,
dann türme, mauern, bis sich in dem buchs

das panorama einer ganzen stadt aus buchs
eröffnete, vor der zur sommerzeit
auf einem grünen meer eine regatta
von buchsfregatten kreuzte. jeden werk-
tag, sogar sonntags ging er in regen-
tenhaltung durch sein weites reich, den garten,

doch eines morgens war es still im garten.
ein leichter wind nur nestelte am buchs,
trimmte die blätter. wozu aufregen?
verschwanden nicht die künstler jeder zeit
am ende hinter ihrem eigenen werk?
wir standen lange vor dem eisengatter,

dann trauten sich zwei jungen, übers gatter
zu steigen, fanden schließlich dort im garten
ein männerbildnis als sein letztes werk,
und tief darin als herz, versteckt im buchs,
ein vogelnest zu kalter jahreszeit.
die eier wie aus marmor, wie von regen

gesprenkelt, hart – und nichts schien sich zu regen,
wenn man an ihnen lauschte. die ergatter-
ten stücke hingen in der weihnachtszeit
am christbaum, doch von ihm und seinem garten
kein wort mehr. bald schon sahen wir am buchs
die jungen triebe wachsen, war das buschwerk

von regen üppig. so verging sein werk,
und mit der zeit vergaßen wir den garten.
hinter dem gatter draußen blüht der buchs.

Der Wald im Zimmer
(2007)

waldstück

die tannenzapfen, dick wie biberkellen,
doch keine biber. nur die braunen schwämme,
dem eigenen wachsen lauschend, an den stämmen,
der weg, zerwühlt von unsichtbaren keilern.

der waldmeister, die duftende standarte,
zeigt guten boden an. die wurzelstöcke
und stümpfe, über die man eine spitzendecke
aus moos gebreitet hat: nimm platz und warte.

die stille und das trübe kellerlicht
des walds am nachmittag. und keine bären,
auch wenn dort vorn die gelben tatzenspuren
der blätter leuchten, die der ahorn legt.

chor der vogelfänger (1551)

krammetsvögel, haselhühner,
    schnepfen oder drosseln;
nebel, die aus tälern steigen,
    dampf aus silberschüsseln.

mein vater war ein vogler wie
    der vater meiner mutter.
ein fallensteller lernt im frühsten
    dunkel sein metier.

edelfinken, leineweber,
    meisen oder spatzen,
bis der himmel weiß ist, alle
    farbe in den netzen –

und wir, die fischer ohne schiffe,
    doch die kiefern wogen
(beim rasten meinte ich einmal
    am meeresgrund zu liegen).

an einem tag reißt nichts als wind
    an den geleimten spindeln;
dann wieder lodert in den reusen
    eine glut von gimpeln.

die söhne werden vogler wie
    der töchter söhne werden,
was fliegt, mit einem kloben binden
    ans gewicht der erde.

das fürstenschloß, ein bauch aus stein,
    ein hunger auf den hängen.
wenn der wald verstummen sollte,
    lernen wir zu singen.

chor der waldarbeiter

für Hendrik und Mirko

die signaturen morgens an den bäumen
im ganzen wald,
die ächtung roter kreuze: dieser steht,
doch dieser fällt.

mit klammen händen stehen, während zigaretten knistern;
der rauch, ein stummer kreis aus männern und
benzinkanistern.

bis wir ein rudel motorsägen aus
den hüllen lassen,
die mit den zähnen mahlen, erst die stille,
dann stämme fressen,

und sich ein wipfel beugt, zusammenkracht
wie ein edikt,
und man erschauert und verblüfft am himmel
das blau entdeckt.

der duft von sägemehl, von erde, schweiß
und heißgelaufen-
em stahl; im laub die kleinen sarkophage
der nonnenlarven.

kehrst du am abend heim, spürst du das holz
im körper knacken,
und die geräte wiegen doppelt, hämmer
und wendehaken.

ich denke manchmal: jeder trägt die kerbe,
nicht nur das beil,
und weiß bloß nicht, wohin er fallen wird.
oder schon fiel.

Australien
(2010)

chamäleon

älter als der bischofsstab,
den es hinter sich herzieht, die krümme
des schwanzes. komm herunter, rufen wir
ihm zu auf seinem ast, während die zunge
als teleskop herausschnellt, es das sternbild
einer libelle frißt: ein astronom
mit einem blick am himmel und dem andern
am boden – so wahrt es den abstand
zu beiden. die augenkuppeln, mit schuppen
gepanzert, eine festung, hinter der
nur die pupille sich bewegt, ein nervöses
flackern hinter der schießscharte (manchmal
findet man seine haut wie einen leeren
stützpunkt, eine längst geräumte these).
komm herunter, rufen wir. doch es regt
sich nicht, verschwindet langsam zwischen
den farben. es versteckt sich in der welt.

der brennende hain

als hätte sich ein stück des letzten
abends im gras verfangen,
als zerrte ein flackernder fetzen
von sonnenuntergang

an seinem dorn: das friedliche gemälde,
das einmal da
war, schien verschwunden
zu sein, als wir vorm fensterrahmen standen,

geweckt vom läuten, den eselsschreien
der alten pumpe, herausgeru-
fen zu den anderen im hain,
ein chiaroscuro

von morgenmänteln und zerzausten locken,
und mancher dem schluch-
zen nahe. in der pose des laokoon
hantierte irgend jemand mit dem schlauch.

der brand wuchs schneller als ein slum:
ein kampf um jeden ast, um jeden angesengten
stamm, bis wir stumm
um die olivenbäume schwankten,

jeder mit dem goldenen fisch
des widerscheins in eimern voller wasser
und einem arm vorm gesicht –
bis nur die schatten übrigblieben, schwärzer

als schatten, die einzige röte
ein streif am horizont. wenn es kein blitz
gewesen war, was dann? ein atmosphärischer impuls,
die weggeschnippte zigarette

eines glühwürmchens? nach einer weile
krähte ein hahn. ein hahn. ein hahn.
und uns im rücken, prachtvoll wie ein ozean-
riese überm hügel – die villa,

wie für ein fest erleuchtet, dessen gäste
noch kommen werden, gerade fort sind.
wie kalt es war in unseren durchnäßten
sachen, spürten wir erst mit dem wind.

tarock

seit jahren kein schuß. nur diese großen pilze,
die schatten der tellerminen, die der erde
im grenzstreifen entwachsen, und der plötzliche krach am frühen morgen, eine herde
versprengter schafe. aus den kalenderblättern
ragen die alpen. die drei soldaten spielen.

tage, nächte – mit den sternbildern
des stacheldrahts darüber. der staubige frieden
des feldwegs vorm fenster, ein akkordeon
aus eselsrippen. springt dann und wann
die tür auf, greifen sie mit zitternden händen, leise fluchend, nach den karten,
doch spürt man keinen wind. nur ein paar zedern
stehen wie dunkle wolken überm hang.

gecko

sitzt plötzlich dort, als das licht angeht, eilt über die wand: ein
wandernder riß, der sich hinten schließt, während er in lauf-
richtung das weiß zerteilt, rot und pulsierend, eine winzige
lavaspalte. was man im schatten des ätna erzählt: daß er nur
die wohnungen solcher menschen aufsucht, die freundlichen
geistes sind. die dächer von syrakus, die wellen vor messina.
tage später sein heller bauch auf dem kiesweg – und binnen
stunden ein brodeln von ameisen, das seine form perfekt
imitiert, eine wimmelnde mimikry. kieloben liegt das sizilia-
sche fischerboot am strand, ein wrack, seine rippen porös
und ausgebleicht von der sonne. am morgen darauf nichts als
das zierliche rückgrat, ein verschwindend weißes stäbchen,
das übrigbleibt; ein bloßer zahnstocher im breiten maul des
august.

nicosia

hinter der grenze schlafen die taxis,
in den geräumten häusern
die sandsäcke, satt vom land.

am frühen abend der muezzin
vom nordteil her, und die biertrinker
des südens, die ihm lauschen, schweigend
auf ihren plastikstühlen, hinter ihnen
der kühlschrank, ein summender weißer gott.

dort, in einer seitenstraße, siehst du
den schneider seine stoffe entrollen
wie ein feldherr seine karten,
während draußen die laternen stich um stich
den abend in die straßen nähen.

dunkler die palmen im park, die bäume;
ab und zu ein wind, der müde
in einer glut von orangen stochert –
und wie im traum die fahrt richtung westen,
an den neubauflächen vorbei, den toten
katzen, flach wie schatten. am rand der straße
bettelt der ginster.

historien: onesilos

– Herodot V, 114 –

da oben, der schädel am stadttor,
der mit dem ersten licht zu summen beginnt,
mit dem noch immer leicht verdatter-
ten ausdruck, wo sich ein gesicht befand.

dahinter arbeitet es: die feine
schwarmmechanik im kranium,
die goldenen zahnräder der bienen,
die ineinandergreifen. geranien

und tulpen, wilder mohn und gladiolen –
stück für stück kehrt alles in den blinden
korb zurück, bis in den höhlen
die bienenaugen zu rollen beginnen.

den jungen ist es egal,
wie man ihn nannte, bettler oder könig,
sobald sie über sonnenwarme ziegel
nach oben klettern, der honig,

den er sich ausdenkt, an den händen klebt.
der bienentanz, ein epitaph.
er hatte fast ein land, als er noch lebte.
nun lebt in seinem kopf ein ganzer staat.

von den ölbäumen

für Jean-Yves, Robert und Uwe

unter den kronen,
in ihrem schutz gehe ich,
älter als nestor.

*

wie sie sich stemmen
gegen den wind, die brandung
aus blühendem klee.

*

als zögen sie sich
an den eigenen wipfeln
aus dem erdboden.

*

die schneeverwehung
einer schafherde plötzlich
hinter der biegung.

*

leichte süderde,
tiefe wurzeln. der gesang
einer husqvarna.

*

ein zug schleppt leuchtend
seine fenster vorüber,
gläser voller öl.

*

sagt: welcher prophet
verlor die sandale dort,
aus der schon moos wächst?

*

weißes klebeband
als nachricht in den zweigen:
brailleschrift aus fliegen.

*

stämme, geflochten
wie taue, zwischen himmel
und der unterwelt.

*

ein schwarzer regen
im herbst. darunter parkt der
weiße isuzu.

*

im licht des mondes
sind die stämme noch grauer,
die risse tiefer – – –

*

– – – die alte herde
von elefanten zieht stumm
an mir vorüber.

*

welches gedächtnis
ist da? woran erinnern
sie all die knoten?

*

neben der wurzel
die staubige bierflasche
der marke mythos.

*

der zug. dann sind die
grillen wieder allein in
ihrem heiligtum.

abendlied, lago di como

herbst, wenn die kastanien die waffen strecken,
morgensterne ringsum verstreut am boden
liegen. in den zweigen die vogelbeeren
    prahlen mit ihrem

gift. nun ruhen sie, all die angelhaken
auf dem grund, die holzboote in den schuppen,
während sich die blätter in rauch verwandeln,
    ruhen die villen

aus von ihrem prunk, und ein saum laternen
trennt die promenade vom see. die leere
autofähre trägt eine letzte ladung
    licht übers wasser.

fluch

wirklich, was hätten wir angefangen
mit einem sträußlein rosmarin
auf halbem weg den hang
hinauf zum palast der mauren?

etwas hatte sich verschoben
im blauen über uns. ein bus
mit kindern fuhr vorüber, an den scheiben
die hände und gesichter, glatt und weiß,

als preßte jemand schildkröten dagegen,
sonst niemand: die alte
gitana war mit einem gackern
verschwunden im wacholder,

verfolgt vom klappernden gold
der armreife, in schwarzes tuch
gehüllt,
und blickte uns mit amselaugen nach.

kein arm verdorrte zu holz
an jenem tag, und die sonne
tat, was sie tun muß. niemand brach sich den hals
bei blitz und donner,

bei einem erdstoß oder seebeben,
doch irgend etwas begann
mit diesen sieben oder sieben
mal sieben jahren, ganz

als öffnete sich hof um hof
um hof mit dem duft von myrte
und pfauen, kühl wie der abend, auf
den brunnenrändern, einer myriade

verschlungener figuren auf den alabaster-
säulen und bögen,
den wänden, hinter denen kaltes wasser
herabrauscht von den schneebedeckten bergen.

tukan

entspringt mit einem schrei dem füllhorn
des eigenen, riesigen schnabels, bricht
hervor mit dem schillern
von federn, seiner ganzen farbenpracht,

um auf der schulter eines alten indios
zu sitzen, wo zwei straßen ihren schlamm
zusammenflechten, indes
die junge frau den rock hebt und im slalom

zu einer der hütten läuft, zur schäbigen gischt
aus wellblechdächern und dem licht
des frühen abends: leichter als papier

ist dieser schnabel, sagst du, ganze nester
läßt er verschwinden, preßt sie
wie eine mango aus, eine papaya.

die missionsstation

pater fernando endete karfreitag
in einem kessel
und pater sebastianos beine schwollen
so kolossal,

bis er auf mehlsäcken zu sitzen schien.
pater juan
zu guter letzt, der eines tages singend
im wald verschwand.

was mich betrifft: ich züchte meine rosen,
läute die kühle
glocke, die im turm hängt wie ein tropfen
in einer kehle,

studiere bücher, denen schimmel ganze
kapitel anfügt,
während ein ara sich vom dickicht löst
und hustend auffliegt.

die kinder, ihre namenlosen früchte
und roten kränze
aus chochosamen. nachts in meiner kammer
trägt das gespenst

eines moskitonetzes mich in seinem bleichen
bauch durchs dunkel;
das flackern eines zitteraals im strom
ist meine funzel.

kein laut, wenn ich im schatten der soutane
im dorf erscheine,
nichts, was sich regt. am morgen dachte ich,
es riecht nach schnee.

mais

es ist ein feld, in dem du dich verirrst
beim spielen, als der schatten länger fällt,
und hektar oder werst
von feld, von wind, von feld

trennen dich von zu hause.
blätterrascheln – wie das mischen
von karten. später zwischen sternenmassen
ein neues bild: der hakenschlagende hase.

du schläfst, zusammengerollt wie ein tier.
es ist ein morgen, wenn die sonne
dich findet mit vor durst gespalten-

em schädel. über dir
die meterhohen, schwankenden gestalten,
grinsend, das maul voller goldzähne.

elegie für knievel

»God, take care of me – here I come ...«

die landschaft zog schlieren, sobald sie ihn sah.
ein draufgänger, ein teufelskerl
mit einem hemd voller sterne
und stets verfolgt von dem hornissenschwarm
des motorenlärms. die knochen brachen,
die knochen wuchsen zusammen, und er sprang.

wie viele hindernisse zwischen rampe
und jenem fernen punkt?
wie viele ausrangierte doppeldecker?
was war ihm der zweifel, der sich eingräbt
im innern, bis ein ganzer cañon klafft
mit rieselndem sand an den rändern,
den schreien großer vögel?

nachmittage, an denen sich die geschichte
für einen augenblick niederließ,
um nach popcorn und abgas zu duften.
wie hier, in yakima, washington,
mit diesem zerbeulten mond überm stadion
und tausenden, denen der atem stockt:
fünfzehn, zwanzig busse, und das rad
steht in der luft.

trapper

hat sich noch einmal durchgeschlagen,
durch eine wildnis, zu den kastagnetten
von klapperschlangen, mit den schlackern-
den bälgen am gürtel und dem bowiemesser

zwischen den zähnen; hat sich durchgebissen
trotz all der fallen, der fangeisen
vereister flüsse, auf verschneiten pässen,
bis sich die wälder lichteten, ihn endlich gehen ließen;

gekrochen, gehumpelt, gerannt,
bis hier. bis hier, wo wir im mazda
vorüberfahren, gerade noch im spiegel seine mütze
erfassen, blutverklebt am straßenrand.

ohio

wer zu fuß geht, macht sich verdächtig.

die holzhäuser in blau und grau,
aufgewärmt von der sonne.
die grillenmaschine, die langsamer schnurrt,

und ein himmel, der für nichts wirbt als sich selbst.
die ersten trockenen blätter schweben herab,
als brenne irgendwo eine bücherei.

noch wochen, tage wenigstens,
bis der winter seine blizzards gegen
die viel zu dünnen scheiben drückt.

im norden liegen die großen seen,
und der wind geht durch bis nach chile.

murmeltier

ein pelziges etwas unter der veranda,
ein könig, einsam in seinem palast
aus erde und dunkel, der exakt an die ränder

unserer welt grenzt, wo salate wachsen.
halb sommer und halb winter, hinterläßt
es nichts als sein rätsel: glaubt es, wach zu sein,

während es schläft, sechs monate zusammengerollt zu einem fast perfekten kreis,
seine eigene vorratskammer?

und hält es umgekehrt den ganzen sommer
für nichts als einen traum, in dem das gras
ein bißchen zu grün ist, seine gänge immer

länger werden, alles unterhöhlen,
bis ganze mähdrescher, kühe
und königreiche verschwinden, es auf weichen sohlen

weiterzieht, um einen fremden herrscher
zu stürzen, die in ihre angst gekauer-
ten jungen tötet, fetter wird und stärker,

bis es in einem neuen traum erwacht?

vom lake michigan

die ganze nacht lang tobte der sturm
ums weiße holzhaus, zusammengehalten
von nichts als dem dünnen lampenschein
seiner zimmer. die herbstlichen kronen
der bäume am nächsten morgen –
wie eingeworfene kirchenfenster.

der stillgelegte vergnügungspark
mit den seeschlangen seiner achterbahnen:
in guten sommern nähren sie sich
von all den gezuckerten schreien,
nun stehen sie, starr vor dem winter.

jeden abend, freunde, schneidet
die dämmerung die umrisse
von rehen aus den wäldern.
die langen gänge am strand entlang:
schwer zu sagen in diesem einsamen licht,
ob es ein schwarzbär ist, der ans ufer klettert,
oder ein stückchen treibholz,
zu einem schwarzbären verbrannt.

amisch

was wir für eine schwarze kutsche hielten,
war nur der schatten einer wolke, saß
als schwarm von raben über einem aas,
bis wir die schwarze kutsche überholten.

die scheunen zwischen tag und nacht, die farmen,
von wäsche blind; das rübenstecken,
das sticken, und wie riesige insekten-
eier die wassertürme in der ferne.

der laden führte bottiche, propan-
gaslampen, einen fahnensaal von sensen.
amanda kaufte eine dieser puppen

ohne gesicht, als prompt zwei pferdebremsen
sich niederließen, ein paar dunkle augen,
die schielten, krabbelten, dann weiterflogen.

austern

ich bin nur der, der general junot am morgen
sein frühstück bringt, wenn *plate* und *creuse*
wie seltsame orden
in einer schale liegen, die karosse

der wolken über uns aufs neue
ins rollen gerät – dreihundert ißt er,
selbst jetzt, selbst hier auf diesem hügel in der nähe
von auster-, auster-, auster-

litz: ein leichter duft von pulverdampf hing überm land,
als ich hinabstieg, um trompetenpfiffer-
linge und holz zu sammeln (hinter mir in einem schrank

aus schnee ein dutzend flaschen muscadet
zum kühlen), und an einem teich im forst
den reiher bemerkte, steif wie ein kadett
und ohne jede angst – bis ich ihn fast

berühren konnte, sah, daß nur die schicht
aus eis den toten vogel stützte.
als ich zurückkam, war die schlacht
vorüber, die geschütze

verstummt. vorm zelt der große haufen
leerer schalen, ihr geruch von weite
und fäulnis. boten liefen
durchs lager, um die nachricht zu verbreiten.

rübezahl

bäume um bäume, und dahinter ruhig
der wald, der mit den augen seiner tiere
sieht. nur ein paar bäche infiltrieren
die dämmerung, ein dünner pfeifenrauch

von nebel steigt auf. jenseits von schreiberhau
und krummhübel: im geäst
noch immer die tropfen des gewitterschau-
ers, jeder mit dem winzigen insekt

der sonne darin, als sich die schatten
der berge strecken, du endlich die vertrauten
silhouetten der getreidesilos,

das dorf erkennst: die schädelstätte
am rand des trüben ackers nur ein haufen
von zuckerrüben, ungeheuer, zahllos.

frombork

der dom von der fähre aus – eine prächtige heuschrecke,
die rotbraun in der sonne leuchtet, ihre gotischen beine
abgespreizt, zum sprung bereit. zwei eichen und ein ahorn
stehen im hof, legen mit umsicht das herbstmosaik auf dem
holprigen pflaster aus. jahr um jahr im turm, allein mit den
sternen, den instrumenten. warum spüren wir keinen wind,
wenn du recht hast, fragten sie ihn. das anrennen der zweifel,
der belagerungszustand. und eben jetzt ein pechschwall von
raben, der über die brüstung der dicken mauer in den abend
gegossen wird. zwei reisegruppen sind es im domgarten: wir
und jene andere, die italienischen bäume. und zwei arten von
luscinia wohnen in ihnen, wie uns die frau mit dem blauen
regenschirm verrät. wir hören ihren gesang nicht, und doch
sind sie da, während im haff sich salziges wasser mit süßem
vermischt. während die erde stillsteht, vorwärtsrast.

hopfen

am anfang sind sie unbeholfen
wie kälber, schwankend auf ihren dünnen beinen
und einer fremden erde ausgesetzt.

bis sie ein draht in die höhe zieht:
sie wachsen, und die blätter werden rauh
und schwielig, wappnen ihren rand mit zähnen.

erst meter überm boden halten
sie inne, äußern sich in zapfen,
die klein und gelb sind, voller bitterkeit.

im juli ist es ein heerlager, das stumm
und grün über den hügeln steht.
dann sind sie fort, über nacht,

und nur die fahnenlosen stangen bleiben.
die mondluft in den nackten dörfern
trägt das gedröhn der schenken übers land.

schlachter

sieh mich bei sonnenaufgang, wenn bluti-
ge finger ein streichholz an der schachtel reiben,
ich rauchend, mit der ganzen palette
von purpur, inkarnat, rubin

am kittel, nach dem ersten schlachten
vorm tor stehe: eine luft, die von der kälte
roh ist und der himmel wie ein schlachten-
gemälde, das aus seinem rahmen fällt;

die schweren glocken
der rinder hinter mir, denen die zungen,
kopfüber und betäubt an ihren haken,
als weiche klöppel aus den mäulern hängen.

der schlachthof war zuerst da. später
entstand die stadt mit kirchen und museen,
umschloß ihn, wie den splitter
das fleisch umschließt, vergißt. die massen

sind anderswo. kein reisebus trägt
sein kühles chrom durch diese schmale gegend;
nur pritschenwagen voller vieh, verdreckt,
von rost benagt, die hupen klagend,

als ginge es zum schrottplatz. doch die bauern
steuern sie in das gewühle
der straßen, überlassen uns die braunen
ochsen und gescheckten kühe,

wesen im übergang: während der schwanz
auf irgendeiner wiese noch die mücken
verscheucht, gewinnt ihr blick an glanz,
scheint in der ferne etwas zu entdecken.

sieh mich am mittag, wenn ich meinen karren
durchs viertel schiebe, das leuchtende gekröse
ein ölbild, das noch feucht ist. das kläffen und knurren
der hunde, die mir folgen, mich umkreisen,

mein treues publikum, ein pulk von schülern,
während die sonne die dächer sengt,
den satten duft von rot verstärkt. ein schillern-
der vorhang von fliegen, der sich hebt und senkt.

hsu chao: *die heuschrecken*

sie legten ihre eier im toten
soldaten ab. sobald sie flügel hatten,
brachen die larven auf, ihr summen
ein unheil, ihre panzer braun und hart.
man sah, sie alle hatten sich zusammen
von einem ungestillten zorn genährt.

sie flogen nordwärts, zogen sich vors blau
des himmels wie ein vorhang. seine frau
sah ihre schwärme über sich, erbleichte
und rang um atem, wußte:
er war im kampf gefallen, seine leiche
irgendwo verschollen in der wüste.

in jener nacht saß sie im schlaf
auf einem pferderücken, doch kein huf
ließ seine spur zurück, so schnell
ritt sie dahin – bis sie zur stelle,
wo er im sand lag, kam. sie sah im licht
des traums in sein zerfressenes gesicht.

von nun an gab sie acht, daß kein getier,
das sich von totem nährt, von ihr
beschädigt wurde, auch nicht von den kindern.
sie sah zum himmel, rief: »ihr heuschrecken,
wenn ihr nicht wißt wohin zum überwintern,
kommt in mein herz. dort könnt ihr euch verstecken.«

patience

ich sehe es noch. im busch die zwei versteckten
räder und das waldlicht, der talon,
nach dem die farnhand greift, die decke
mit ihren plastiktellern,

den überresten vom baiser.
im schilf die allianz von wasserläufern.
libellen kontrollieren die pässe
der mückenlarven.

man könnte gerade noch zu uns hinüberrufen
durch diesen sommer, den geruch von modder,
der fremd und schlüpfrig über allem steht,

ein gutes stück vom ufer
entfernt, wie bube und dame in der mitte
gespiegelt, bis zum nabel schon im see.

rute

ein ypsilon, von nichts als einer drossel
gehütet, im gewirr
von zweigen verborgen, rar
wie yeti oder yggdrasil;

famose zwiesel
und wegeweiser, vorbei
am weißen hasel-
strauch, an der alten fleischerei,

hinter dem fußballfeld
über die brücke und den fluß,
aus dem die winzige gestalt
zurückstarrt, an den plötzlich verlas-

senen häusern, an gebäuden
voll fremder namen und gesichter
vorbei, während ein wind die zäune
mit rost beschichtet,

das wetter
in schwarz umschlägt und das gelände
aus allen karten kippt. geh weiter.
vertrau dem zittern deiner hände.

moorochsen

die dommel sah ich nie, versteckt
im schilf, wie sich das schilf in ihr versteckte,
nie eines ihrer kunstsinnigen nester,
genäht aus licht und schatten, dachte statt dessen

erneut an wriggers' herde,
die eines abends durch ihr gatter
gebrochen war und sich im moor verirrte,
das brüllen, das erst stunden später matter

und mutlos wurde, sich am ende legte,
dachte an all die körper, die versunken
unter dem trügerischen boden schwebten
wie zeppeline, groß und stumm, noch als die jungen

die nester längst verlassen haben mußten,
so daß ich, wenn wir uns am tor versammelten, fröstelnd in das dunkel lauschten, wußte
oder nicht wußte: da, das war sie, die dommel.

der späte runeberg

seine hymne ist überall, er selber
an keinem andren ort, ißt seinen kuchen,
prüft jeden morgen durch das mikroskop
eines wodkaglases, während fredrika
ihm vorliest. runeberg,

im schweren bett, mit einem schlag
der welt entrückt: ein fabelwesen,
von dem die bücher reden, ein zentaur
mit einem rumpf aus daunen und vier hufen
aus eiche, die sich nicht bewegen werden.

die prächtige meduse eines lüsters,
die unter der decke treibt. das ticken der uhr,
ein stuhl, der knarrt – und im salon die stürme,
die ohne laut von einem goldenen rahmen
zum nächsten ziehen, ewig einen baum

entwurzeln und ein gelbes feld durchwühlen,
den viermaster in seiner dunklen brandung
für immer kentern lassen. nachmittag,
die füchse glimmen an den wänden;
die barte eines wals, die elchschaufeln

der monstera, und eine wenigkeit
von spiegel trägt ein stückchen porvoo
und straße hinein. die dort vorübergehen,
ziehen die hüte, wissen nicht,
ob er noch da ist. oder schon geschichte.

flechte

das älteste bündnis, brief und siegel
auf friedhöfen und birken
oder salpetergelb an den geziegel-
ten mauern von gefängnissen und kirchen.

kriecht ins bild als eine landkarte,
ihr eigener kalender,
züngelt am totholz, wird verraten
von ihrem fingerabdruck am geländer

einer brücke, auf den hochplateaus
und in der wüste, selbst im all,
zerfällt im maul des karibus
so kalt und luftig wie ein schneekristall.

wie sie die katastrophen
verschläft, die dürrezeiten, unbewegt,
bis sie ein tropfen
wasser nach jahrzehnten plötzlich weckt.

keines von beiden zu sein, sondern das dritte:
es ist die stillere feier,
wenn sie ihr blau verschenkt, die röte
von scharlach, scherbengrün, ein feuer-

werk, das sich in den schieferhimmel frißt,
sich mit so großer langsamkeit entzündet,
daß jeder zuschauer verschwunden ist,
bevor es blüht, auf steinen oder rinde,

wo immer sie sich verbirgt
vor aller augen, bis ein wind
oder ein vogel sie berührt. dann bricht
sie ab, bricht auf, erobert neuen grund.

der wassermann

für Robin Robertson

einer zog mich mit dem ersten fang
vor husum an bord, den obolus
einer muschel in der heilbuttkalten hand,
um mich herum der silberne applaus

der heringe auf dem deck. ihr heißer grog
verbrannte mich bis auf die gräten,
an anderes gewöhnte ich mich: die glock-
en jeden sonntag. schnee. an federbetten.

man fand den eifersüchtigen bauerntrampel
ertrunken in einer pfütze. eine saat
ging auf. als eines morgens der vergammel-
te dorsch vor meiner tür lag, war es zeit.

ich hinterließ die angst der schlafenden
vorm wasser, eine fußspur, die die sonne
bald auflecken würde, und die gaffenden
nachbarn um mütter und wiegen, ihre söhne

mit fischlippen und schwimmhaut. ohne eile
sank ich zurück zu dem mit flunderaugen ausgelegten
palast, wo meine frau mit ihrer mühle
das salz ins meer dreht. ich wurde meine legende.

hiddensee im dezember

alles hat zu tun mit dem wind: die schiefen
gräser an den dünen, die reetgedeckten
häuser, an den westen gelehnt, und diese
    wolkenstampede

flach über den wiesen. der leuchtturm, wo das
land im meer verschwindet: am abend streicht sein
weißer pinsel über die wände, malt das
    dunkel noch dunkler.

winter, der den bodden mit eis versiegelt.
nebel, seine flotte – verfolgt von möwen.
hinterm deich nur schwenkt noch der sanddorn seine
    schmugglerlaterne.

zwetschgen

selbst mit einem pflücker gelangte
man gerade eben bis zu dem äquator
der riesigen krone, nicht weiter,
bevor der weiße beutel an der stange

zurück zur erde schwebte,
prall wie der kehlsack eines pelikans.
der duft von frisch gemähtem
und der september noch nicht ganz

vorüber; jenseits der gemüsebeete
die ausgeklappte leiter,
die immer weiter
das A ihrer selbst buchstabierte.

man mußte schon selber klettern,
am schorfigen stamm,
den wendeltreppen
aus ästen bis nach oben, wo man

zu schütteln begann,
im zentrum eines ganzen baumes stand
wie leonardos mann im kreis,
und für ein zittern sorgte, ein cres-

cendo im grün, bis aus dem rascheln
ein rauschen wurde, ein orkan,
und das herunterprasseln-
de blau am fuß des baums zur ruhe kam.

tage nur, eine woche später,
und alle pracht verging. was die konkurrenz
der amseln verschmähte,
war unversehens

von ganz allein zu boden gefallen
vom hohen ast,
wo wir es fanden: eine schicht, ein faulen,
ein süßlich stinkender morast,

und mit ihm eine inquisition von wespen,
die den gesamten garten übernahm,
ihr rasen und wispern,
bis mit dem herbst die kalten tage kamen.

steinway

der schwarze flügel, den die männer
über die straße hievten,
war der vereiste see aus meiner
kindheit, wo ich kniete,

um durch die blanke fläche
hinabzustarren,
wo zwischen algen und kristall die hechte
für einen augenblick verharrten,

in ihrem dunkel hingen,
jeder eine schimmernde fermate
in einer bis zum knochen dringen-
den urmusik, in ihrer mathe-

matischen, tödlich präzisen
schönheit, für die sekunde,
die wächst, bis sie so groß zu sein
scheint, daß man in ihr siedeln könnte,

weit weg vom weg, vom stein
darauf,
und fast schon festgefroren mit der stirn,
als der puck mich traf.

smara

»Ich bin zu allem bereit,
da mich das Fieber des Wollens durchglüht.«
– Michel Vieuchange –

wie wird es kommen, das ende? als blitz
eines krummdolchs aus der schwarzen wolke,
die im gewand des targi vorüberzieht,

oder fast unsichtbar durch heißen sand,
wo die skorpione warten, winzig
und reglos unter ihren giftlaternen?

die endlosen wochen im tragekorb
als schmutziges, gottloses bündel;
die schlammlöcher, geteilt mit den tieren,

mit den perversen, dreilippigen mäulern
der kamele, brüllenden orchideen
aus fell; das fleisch mit einer kruste

von fliegen, die verheilt und aufbricht, heilt.
abends lagern die dunklen gestalten
sich um die hahnenkämpfe ihrer feuer:

er spricht ihre sprache nicht, doch er weiß, was sie sagen,
die ihn fürs kühle geld des nordens schmuggeln,
und so denkt er erneut

an die stadt, die er sehen und nicht sehen wird,
greift gierig nach dem sack aus ziegenleder,
dem wasser, gewürzt mit gerbsäure und ruhr.

wippe

mach dich schwerer, rufen sie, also schließe
ich beide augen, denke
an säcke voll zement und eisengieße-
reien, elefanten, an den anker

in seinem schlamm, wo ein manöver wale
vorübergleitet, an das bullenhaupt
eines ambosses. nur eine weile
die luft anhalten, warten. doch nichts hebt

sich oder senkt sich, während ein fasan
schreit und die blätter fallen – meine unwilligen
beine zu kurz, um je den grund zu fassen,
mein kopf beinahe in den wolken.

pitbull

wer schuf den wuchtigen kopf,
diese kreuzung aus schraubstock und fangeisen?
die beine, die sich gegen alles stemmen?
aus abgedunkelten souterrains,

einem hades verrauchter hinterzimmer:
eine drohung im hellichten tag, das fell
zu klein für das, was sich unter ihm bündelt,
die batterie von muskeln. erschütternd

in seiner häßlichkeit: durch eine brille
aus blut vor den unterlaufenen augen
starrt er dich an, während ein tropfen
speichel sich von seinen lefzen abseilt.

es ist das bullenbeißerische,
der code in ihm, die nebelhafte
erinnerung daran, wie er ums blinde
gebirge eines bären springt, an den stier

am ring, den man mit pfeffer für ihn reizt,
das brüllen, seine weiche schnauze,
während im haus ein cembalo erklingt,
man einen abend aus der arena schleift.

weiter, sagen die entzückten
schreie in seinen lachhaft kleinen ohren,
weiter: etwas verbirgt sich hinter dem fleisch,
und er läßt nicht ab davon.

hononanz

der häuptling mit dem federschmuck aus koda-
color bin ich. ein wiesenstück, zerwühlt
von maulwurf und blaustich, und die kette
mit skalps. hinter dem bildrand wächst der wald.

»was heißt das denn? was ist das für ein wort?«
tante mia, die das thema torte
in schmale kapitel teilt. doch keine zeugen,
die auskunft geben, die chronisten schweigen.

ich bin der letzte eines volkes,
allein mit der geschichte, einer sprache,
die mit ihm untergeht. das kalumet

liegt kalt im schoß und eine regenwolke
strampelt über der prärie, den brachen
feldern, wo das dorf noch immer qualmt.

meteorit

zum beispiel in deinem garten,
zwischen den stock-
tomaten und karotten,
während das kaffeewasser kocht

und du an jenen bauern denkst, der nachts
hinauslief, weil er diebe hörte,
durchs loch im scheunendach
ins rund der älteren taschenlampe starrte,

den küster, der anstelle
von osterglocken
ein stückchen schwärze fand, ein vor die schwelle
gelegtes fündel mit dem glucksen

des jungen himmels tief im innern, an das vieh,
das in der frühe schreit,
die milch, die sauer wird, den mann, der das café
verläßt und einen haufen schrott

entdeckt, in den sein autoschlüssel paßt,
und daran, daß es immer der beginn
eines neuen kultes war, der pest
zum wenigsten, an einem montagmorgen,

an dem der hund des nachbarn plötzlich bellt
und du zur tür
gehst, etwas älter, doch nicht alt,
und nirgendwo anders als hier.

molto moderato

(aus: »drei wörter ohne lieder«, nach Musik von Paul Ben-Haim)

betrachte die schnecke, zum beispiel,
deren fuß ihr bauch ist:
sie bewältigt ihren weg nicht,
sie verzehrt ihn.

kleines grasschiff, immer in schräglage,
immer schlingernd, eine karavelle
in grüner brandung, die zu kentern droht,
doch weiter ihrer ruhigen route folgt.

die schnecke betrachten, während sie uns
kaum wahrnehmen kann, zu eilige schemen
jenseits der bühne, flüchtiges am rande
eines anderen, größeren dramas,
und das heißt: schnecke.

ihr nachzustellen, mit asche,
mit salz und bier? ihr,
über der ein winziger zyklon
aus kalk sich dreht und mit ihr wächst?
die überall ist, im ozean,
in seen und an land?

nur am himmel nicht. dafür
zieht sie einen silberschweif
hinter sich her, ähnlich den fallenden
sternen – nur langsamer,
langsamer.

tätowierungen

die erste machte ihm ein maat,
als er auf einer matte
aus bast lag, stunden vorm beschuß
der spanischen armada,

im trüben bauch der galeone,
der schon vor hunger knurrte,
während die nadel punkt um punkt
sich in die schulter bohrte,

dem pulverdampf, dem tod zum trotz,
den träumen vom ertrinken,
um selbst aus einem sarg aus salz
noch in ein grab zu finden.

beim landgang in der heimat zog
er durch die docks von london,
bedeckte erst den oberarm
und später beide lenden.

den rücken dekorierte er
beim fall von jayakarta
und schmuggelte sich aus der stadt
als seine eigene karte,

marschierte in den kolonien
mit hohem zuckerrohr,
bis sich der tag verlor, verzierte
den nacken bis zum ohr.

in burma wurde ihm die wacht
zu lang, wenn nachts der regenwald aufging wie ein pfauenrad
mit tausenden von augen,

und nach der seeschlacht von surat
stach er sich überm herzen
den namen, der noch leuchten wird,
wenn sich die dinge schwärzen.

in einer hütte auf der flucht
verbarg ein wahrer maître
für bares silber sein gesicht.
war es auf sumatra

oder barbados, in virginia
zwischen den tabakfarmen?
waren es hände, füße, bauch
und becken, unterarme?

man sah ihn zuletzt vor port royal
über die reling klettern –
das schiff in flammen hinter ihm,
der kapitän in ketten

und knatternd überm fockmasttop
die knochen der piraten –,
mit einem satz ins meer hinab
die nackte haut zu retten.

australien

wir fingen mittags an:
wo sich die brücke in der brache
verlor, von fern die autobahn;
durch ein kaleidoskop zerbroche-

ner flaschen,
ein wurzelwerk von quecken
und alten teppichen; versteckt
hinter dem flüßchen,

dem abwasserrohr mit seinem biblischen
dunkel und dem schlichten
rinnsal, das es predigte.
wir gruben. hinter weißdornbüschen,

der kolonie von schilf, das paläon-
tologische autowrack, wie ein fossil
vom lehm verschluckt. ein fesselballon

mit seiner werbung für bier
oder gelee
zog kühn jenseits der siedlung vorüber,
und ringsherum die glänzend schwarzen egel

entsorgter reifen, vollgesogen
mit schlamm und regenwasser,
die farbkanister, zerschlagen
und liegengelassen.

wir gruben; eine grille
verstummte und ein amselpärchen
hüpfte nervös um einen rostigen rechen,
die größere vogelkralle.

wie lange, bis wir es mit felsen
zu tun bekommen würden, kohle-
flözen
und erz? wie lange noch, bis irgendwo ein koala

die erde sich bewegen spürte,
um etwas seltsames zu sehen:
ein loch im boden, zwei verschmierte
jungen, die bis zehn

zu zählen versuchten, dann
verschwanden in dem mythischen, dem most-
richgelben abend, wo am rand
ein spaten steckte wie ein fahnenmast.

qualle

gefräßiges auge,
einfachste unter den einfachen –
nur ein prozent trennt sie von allem,
was sie umgibt.

stoße dich weiter vor
ins unbekannte: ein brennglas, geschliffen
von strömungen und wellen; eine lupe,
die den atlantik vergrößert.

Die Eulenhasser in den Hallenhäusern. Drei Verborgene (2012)

Anton Brant: Die Grenzen

Der Vater wurde noch gewamst –
Sein Schulbuch war die aufgeschlagene
Rechte meines Großvaters. So lernte
Er Grenzen: eine Tracht Prügel, wo
Die Felder endeten, Fremde begann,
Hinterm Gewende, hinterm Gewann;
Nach jedem Unterricht tintenbekleckst
Von Prellungen und Striemen, jeder Hieb
Ein Eintrag. Diese Karte blieb.

Zeiten ohne Zimpern; er selbst hingegen
Lederte uns nimmer, klopfte uns höchstens
Auf die Schulter, wenn wir uns stremmten,
Den ganzen Tag nicht huschelten. So
Beim Bau des Zauns.

Er fuhr uns hinaus, bevor der erste Gickel
Sich plustern konnte – uns und den grandigen
Burschen, an dessen Namen sich niemand
Erinnert, dessen Waden tätowiert
Mit Krampfadern waren.

Ausgesetzt mit den Gräsern, dem Schilf,
Unter dem grünen Raubvogelauge
Der Wasserwaage: wir,
Vor einer steigenden Sonne salutierend,
Klitschnaß vom Schweiß, mit einem Atomium
Von Fliegen über den Köpfen,
Und vor uns Spannbügel, Schlage und Grabscheit,
Der Lochspaten mit seinen lackierten
Hummerschaufeln, rotgekocht vom Mittag;

So walzten, walzerten wir die schweren
Pfosten herbei und peilten die Richte an,
Rammten das Holz mit Schmackes in den Grund.

Aue, Espan, Koppel, Luch,
Die Jammerföhren, der langsame, trübe
Flußarm und sein schlickbrauner Ärmel,
Perlenbesetzt von Möwen. Ich habe
Das Land gelernt – auch ohne Kalasche,
Mit einer Spleiße im Finger.

Am Abend jedenfalls stand er,
Spannte seine singenden Drähte
Wie eine große Harfe für die Nacht.

Anton Brant (1932–1997): Bauerndichter und Autodidakt, der seinen norddeutschen Hof in der Nähe der Ortschaft Petersweiler zeitlebens kaum verläßt und in aller Stille, unbemerkt auch von seiner Frau Anna (siehe ihre Autobiographie *Ich, Muse und Melkerin. Mein Leben zwischen Versen und Färsen*, Neuer Landwirtschaftlicher Verlag, Husum 2000), ein umfangreiches lyrisches Werk entstehen läßt, das sich vornehmlich mit dem ländlichen Alltag, seinen Mühseligkeiten und Schönheiten auseinandersetzt und sich dabei eines teils dialektalen, von Fachbegriffen durchsetzten Vokabulars bedient.

Aus dem »Glossar landschaftlicher Wörter«: wamsen: verprügeln | Gewende, Gewann: Ackergrenze | zimpern: zimperlich sein oder tun | ledern: prügeln | sich stremmen: sich anstrengen | huscheln: ungenau arbeiten | Gickel: Hahn | grandig: groß, stark | Schlage: Hammer | Grabscheit: Spaten | Richte: gerade Richtung | Schmackes: Schwung, Wucht | Espan: Viehweide | Luch: Sumpf | Kalasche: Tracht Prügel | Spleiße: Span, Splitter.

Anton Brant: Schur

Im Frühjahr kommt der Alte vorbei
Mit seinen zwei Lausern im Schlepptau;
Ein Knasterer und Schaffer vorm Herrn,
Verborgen hinter Bart und Hut,
Aber keiner, der quackelt, und quick mit der Schere.

Das biblische Tier, das bockt und wiebelt,
Sich gegen die Jungens stemmt, die sich unterhaken
Bei seinen Schneckenhörnern wie Galane,
Es weiterschieben, weiterzerren,
Zu ihm, der dasteht wie Abraham selbst.
Das Opfer, das es bringt, ist keines:
Ein Drittel seines Gewichts, schon steigt ein Rauch
Von Zigarillos in den Morgenhimmel.

Der Schraubstock der Knie, das Drahtseil der Arme:
Am Anfang ruckelt es noch, muckt auf,
Doch als es merkt, es verschlägt nichts, wird es
Ganz ruhig und akzeptiert, betrachtet
Die eigene Schur fast interessiert, lehnt sich
Zurück in den weichen Sessel seiner selbst.

Wie uralt die Szene ist, wie alles
Still wird, sich zusammenballt drum herum:
Kein Schnauf von ihm, vom Andern kein Meckern;
Zwei Ringer, die durch die Stellungen gehen,
Die Positionen üben, konzentriert
Und ab und zu wie zur Skulptur erstarrt.
Wirklich, denke ich: Er führt die Schere
Wie einen Meißel, stutzt und kappt und feilt
An einem Marmor, kostbarer als Marmor.

Die Kehle ist rappeltrocken
Nach solch einer Wuchterei, doch ahnt man bloß
Die Abgeschlagenheit, wie machulle er ist:
Er steht noch dünn und lang in seinen Botten,
Zäher als ein Glockenstrang,
Und nur die Hand, sie zittert ein bißchen,
Als er den Schnaps an die Gosche führt.

Das Viech, das die Last des Winters nicht mehr spürt,
Nur Leichtigkeit, macht einen Hupf – also packen
Sie zu, die beiden Hanseln, einer vorn
Und einer hinten, schleppen es zurück
Zur Wiese als seine eigene Sänfte,
Setzen es ab im fetten Gras,
Und die Sänfte wird sanft, wird Schaf.

Aus dem »Glossar landschaftlicher Wörter«: Lauser: Lausbub | Knasterer: mürrischer
alter Mann | Schaffer: tüchtiger Mann | quackeln: zu viel und töricht reden | quick:
schnell, rege | wiebeln: sich lebhaft bewegen | ruckeln: sich ruckartig bewegen | es
verschlägt nichts: es nützt nichts | rappeltrocken: völlig trocken | abgeschlagen: er-
schöpft | machulle: ermüdet | Botten: Stiefel, klobige Schuhe | Gosche: Mund | Hupf:
Sprung | Hansel: unfähiger, dummer Mensch.

Anton Brant: Blitze

Der Tag, an dem mir die Hippe entkam,
War der Tag, an dem man mich zur Strafe
Allein in den dämpfigen Söller sperrte,
Um, wie mein älterer Bruder sagte,
Den Sturm einmal lieben zu lernen.

Seit Stunden weideten die schwarzen
Wolken über den Wiesen, fraßen
Vom Licht. Das Horizontegrummeln, dieses
Flacken am Rand – und kaum ein Geräusch,
Bis auf die Frösche im Woog wie nasse
Gummihandschuhe. Dann das erste Rumsen.
Und ich, vermükert und bang,
Mit nichts als einem trockenen Ranken,
Der Blitzmilch draußen.

Ein Vetter, der ins Wetter kam
Und Zuflucht suchte unter einem Baum:
Diese Geschichte erzählte man lang.
Der Blitz fuhr in ihn wie der Marder
Ins Hühnerhaus und räumte ihn leer.
Nach Ewigkeiten erst kam der Arzt
Hinaus zur Familie, trug die Nachricht
Behutsam wie ein letztes heiles Ei.

Am nächsten Tag gab es Schneckennudeln
Und Schlipper. Jene Hippe aber fand ich
Erst Jahre später hinterm Knick,
Weit weg von zu Hause: eine havarierte
Gewitterfront, ein sauberer Satz
Von gleißenden Blitzen, zwischen die Gleiße gestreut.

Aus dem »Glossar landschaftlicher Wörter«: Hippe: Ziege | dämpfig: schwül | Söller: Dachboden | flacken: flackern | Woog: Teich | rumsen: krachen | vermükert: klein, schwächlich | Ranken: dickes Stück Brot | Schneckennudel: ein Hefegebäck | Schlipper: abgerahmte, dicke Milch | Knick: Hecke als Einfriedung | Gleiße: Hundspetersilie.

Anton Brant: Die Vergnügungen

Ab und zu ein Zirkuszelt,
Das zwischen die Hügel fällt,
Sich wie ein weißer Rochen niederläßt
Für ein paar Wochen, dann verschwunden ist.

Die Brotzeit unter einem Baum
Mit Bembel, Knacker, Korste
Und einer Decke aus kühler Seide,
Die nur der Schatten der Krone ist
Und einen Tisch nicht braucht.

Die Piepel mit Rodel und Marmel,
Im Winter mit einer Glitsche am
Gefrorenen Woog, im Sommer
Am Fluß mit einer Angel oder schirkend,
Während die Kreise durchs Wasser wachsen,
Die Umlaufbahnen der Insekten kreuzen.

Das Scherbeln, wenn im Mai die Scheuer
An ihren Lampions zu schweben scheint,
Bei Bällen, die nichts für Leimsieder sind,
Mit Pietschen und Posaunen,
Mit Füßeln unter den Bänken
Und Küssen im Kabuff.

Das Knobeln in der Beize
Mit einem Obstler, einem Schiller,
Dem leichten Tummel des Samstags.
Das Schiffeln hinter dem Schilf.

Die Pfeife abends, die Kladde;
Natürlich Anna, die schon genauso lachte,
Als sie an jenem Morgen vom Kuhstall kam,
An jedem Arm ein schwappender Bottich,
Justitia mit Milch.

Wie wir johlten, als Jensen
Das Jungschwein einrieb mit Lünt oder Schmer,
Mit einem Taps übers Dorffest jagte,
Wie wir das schlierige Tier zu fangen suchten,

Das schrie, als ob man es spleißen würde,
Und jedem Griff entglitt, unser Geriß,
Bis alle ratlos im Sudel saßen,
Ein Haufen lachender, verschwitzter Kerle.

Vor Sonnenaufgang der Gesang der Merle.

Aus dem »Glossar landschaftlicher Wörter«: Bembel: Weinkrug | Knacker: Knackwurst | Korste: Endstück des Brotes | Piepel: kleiner Junge | Rodel: Kinderrassel | Glische: Schlitterbahn | Woog: Teich | schirken: einen flachen Stein übers Wasser hüpfen lassen | scherbeln: tanzen | Scheuer: Scheune | Leimsieder: langweiliger Mensch | pietschen: ausgiebig Alkohol trinken | Kabuff: kleiner, dunkler Nebenraum | Knobel: Würfel | Beize: Wirtshaus | Schiller: zwischen Rot und Weiß spielender Wein | Tummel: Rausch | schiffeln: Kahn fahren | Kladde: Schmierheft | Lünt: Schweinenierenfett | Schmer: Bauchfett des Schweins | Taps: Schlag | schlierig: schlüpfrig | spleißen: fein spalten | Geriß: Wetteifern | Sudel: Schmutz, Pfütze | Merle: Amsel.

Anton Brant: Das Sauen

Drei Monate, drei Wochen und drei Tage,
Dann rollt die Wutz sich zur Seite
Wie ein besoffener Offizier,
Die Beine ausgestreckt und nur noch
Zusammengehalten vom Doppelreiher
Der Zitzen, eine seufzende Masse Fleisch.

Nichts ist hungriger als ein neues Ferkel,
Das durch die Klinse in die Welt hinabstürzt,
Hier mit Schnauze, dort mit Schwanz voran,
Zum ersten Mal seine Kniepaugen öffnet.
Und sie, die sich nie umsieht, keine
Der nackerten Kuller leckt – sie duldet, liegt
Sechs Stunden lang wie eine warme Fabrik.

Kaum da, heißt es reisen, um die Mutter
Herum, ums Panzenkap, die müden Haxen:
Es schlickert und schusselt, glitscht aus und schest
Davon, zieht noch den offenen Gürtel
Der Nabelschnur hinter sich her.
Vorsicht, wenn sie sich bewegt,
Sich ihr Gewicht verschiebt und eines
Darunter gerät: dann kreischt es wie ein Löschzug.

Nach Stunden sind alle versammelt,
Knubbeln als Knaul ums Gesäuge – jedes
Vollkommen, jedes alert, und schuppt
Um eine Dutte, die nur ihm gehört,

Nuddelt, schnuffelt, schnullt: Fanatische
Süffler, rosige Pilger – sie glauben
An nichts als Milch, bevor man sie spänt,
Das Glockenspiel von Zitzen über sich.

Zwölf Lebende waren darunter,
Zwei Tote auch. Die Nachgeburt fraß die Sau.

Aus dem »Glossar landschaftlicher Wörter«: Wutz: Schwein | Klinse: Ritze, Spalt |
Kniepaugen: kleine, lebhafte Augen | Kuller: kleine Kugel | Panzen: dicker Bauch |
schlickern, schusseln: schlittern | schesen: eilen | knubbeln: sich drängen | Knaul:
Knäuel | alert: munter, flink | schuppen: stoßend schieben | Dutte: Zitze | nuddeln:
nuckeln | schnuffeln: schnüffeln | schnullen: saugen | Süffler: Säufer | spänen:
entwöhnen.

Anton Brant: Die Äpfel

Irgendwann gehen die Bäume an Krücken:
So schwer sind die Äste geworden,
Daß man sie stützen muß.
Versehrte Heimkehrer im Herbst,
Mit Schätzen beladen – wir erwarten sie
Mit Zaine und mit Reff
In der Plantage hinter der Kaluppe,
Bevor das Laub fällt, vor dem ersten Frost,
Doch nie nach einer Husche
Und nie wenn noch der Tau mit kalten
Froschfingern an die Schalen faßt.

Die klimperkleinen, mickernden,
Den Mißwachs und den harten Knorz –
Vergiß sie. Oder iß sie
Und wirf den Griebs ins Gebüsch.

Die anderen sind mit Umsicht zu pflücken,
Auch jener mit Dalle, daß der Zweig nicht bricht:
Man knappt ihn ab,
Man schraubt ihn aus seiner Fassung
Wie eine Glühbirne. Es ließe
Sich lesen im Licht der Körbe.

Am wichtigsten: Die Blüte nach dem Reifen.
Sie in den Schoppen, den Keller zu schaffen,
Damit sie abliegen, lagern können;
Die rote Pracht zu arrangieren

In akkuraten Reihen, sie zu wenden,
Um faule Stellen zu vermeiden,
Damit nicht alles noch verdirbt;
Zu schieben, zu rechnen, zu drehen
An diesem duftenden Abakus aus Äpfeln –
Ist das nicht, frage ich, höhere,
Nicht höchste Mathematik?

Aus dem »Glossar landschaftlicher Wörter«: Zaine: Korb | Reff: Rückentrage | Kaluppe: schlechtes, baufälliges Haus | Husche: Regenschauer | klimperklein: sehr klein | mickern: sich schlecht entwickeln | Mißwachs: dürftiges Wachstum | Knorz: Knorren | Griebs: Kerngehäuse des Obstes | Dalle: Delle | abknappen: abknapsen | Schoppen: Schuppen.

Anton Brant: Das Ende des Winters

Die Murkel haben einen verlorenen
Handschuh gefunden, auf den Zaun gespießt
Wie das Haupt eines Königs.
Jetzt rennen sie juchend und gickelnd davon.

Die Sonne! Wir treten hinaus, jeder
Behutsam geführt vom eigenen Schatten
Und ohne Mantel: Man bewegt sich wieder
Mit Normalgewicht durch die Welt.

Die Atzel auf der noch spillrigen Linde,
Ihr fest an den Zweig geknotetes Tuch
Aus Schwarz und Weiß.

Ich rufe: Anna, dieser lose Knopf
Muß nicht mehr angefriemelt werden:
Der Bach erinnert sich an den Fluß,
Der Fluß erinnert sich ans Meer,
Das Meer, das schlaflos ist, wird nichts vergessen.

Und dort, auf dem Wasen,
Erhebt sich der letzte Schnee,
Watschelt Richtung See.

Aus dem »Glossar landschaftlicher Wörter«: Murkel: kleines Kind | juchen: jauchzen |
gickeln: kichern | Atzel: Elster | spillrig: dürr | friemeln: basteln | Wasen: Rasen.

Theodor Vischhaupt:
Die Eulenhasser in den Hallenhäusern

Ihre Seelenruhe – dahin. Anlaß: Den Eulen
Ihr andauerndes Heulen, Sehnen. Sie alle
Sinnen lausleise, handeln häherrüde:
In den Hallenhäusern die Eulenhasser
Lassen heisere Hunderudel anleihen, an
Halsleinen Halderüden hereinsausen.
Sieh sie lauern, lauern, Halsende dehnen:
Herausheulen, dann die Sense her. Allein,
Helas!: Diese elenden, hirnlauen Husaren-
Hasenhunde dienern alle, säuseln ihre
Süßeleien: 'ne Hündin, Hera. Allerhand.
Hin, heran ans Liedende: reale Heulsusen,
Heldensuada. Ihr Ansinnen: leere Hülse.
Da harren sie, dienen als Sühnehüllen,
An der Haussäulenreihe lehnend, senil,
Harnnässe leidend. Urahnleise heulen
Die Eulenhasser in den Hallenhäusern.

Theodor Vischhaupt (1947–1997): Berliner Dichter, Sonderling und Einzelgänger, Katzenfreund und Strickwarenliebhaber, der sein Leben lang als Angestellter im Fundbüro des Bahnhofs Zoo arbeitet – was nur passend erscheint, ist Vischhaupt doch auch als Dichter auf Funde angewiesen: Er schreibt Anagrammgedichte, bei denen das Buchstabenmaterial jeder Zeile identisch, nur jeweils neu angeordnet ist (so wie aus »Liebe« »Beile« wird und aus »Eva« »Ave«), wobei aus A und E der Umlaut Ä werden kann etc. Vor seinem Selbstmord einen Tag vor dem fünfzigsten Geburtstag überläßt Vischhaupt sein Anagrammwerk dem Brieffreund Thaddäus Winkelmann, einem Hamburger Gymnasiallehrer, der zuvor schon, gegen den Willen des Autors, für die einzige Veröffentlichung zu Lebzeiten gesorgt hatte (»Die Amsel« in der Hannoveraner Avantgardezeitschrift *Letternwirtschaft,* 1986).

Theodor Vischhaupt: Die Amsel

Die schwarze Amsel frißt die roten Beeren,
Ernste, förmlichere Diebin des Astes, zwar
Zeternd, aber in Cis, wehe Astlore, Federmiss.
Rösserwinde im Schilf, tandzarte Seerebe,
Bastrascheln, Weidenzierde, Frostmiere: Es
Zwitschert freier ab. Der Salmsee, die Sonne –
Mildes Zirren-, Caesarenwetter. Bei des Hofs
Feime wachsen rostzart Ried, Reseden, Bilse,
Die der falbe, wirre Tressenochse zeist – man
Wetzt da fernab schon dreierlei Eismesser
Dem zarten Rosa, Widerristes Fleischebene.
Die schwarze Amsel frißt die roten Beeren.

Die schwarze Amsel frißt die roten Beeren,
feister Brosam der Äste, zwischen Liedern,
Zoten, Freistilschwärmerei. Barde, dessen
Harmlose Finesse becirzt. Weidestarrende
Bachstraßen, Torferde, Wiesen, milde Reize;
Leiser Satz, berstende Friedweisen, chroma-
Tische Erbmelodie, zentnerfrei. Das Wasser
Mäandert, weiße Blitze sirrend, Frösche
Tröten Schieferes am Bildrand, zwei Esser,
Seidenschwärmer liebend. Satter Zefir, so
Warm das Federlicht, Seeros-See, Birnenzeit.
Die schwarze Amsel frißt die roten Beeren.

Die schwarze Amsel frißt die roten Beeren.
Wälder, beizeiten Steinmarders forsches,
Mordebereites Streifen dazwischen, als er
Bald wieder fort ist, einsamer Zecher. Sense
Im Weizenfeld, Nordbrache, Säertristesse;

Bessere Zischwinde malträtieren Dorfes
Reetdachzwirn, tiefbleiernes Meer, so daß
Es zwirlt, schier tobende See. Dieser Farn am
Morastnaß, frierende Biese, Wichtelzeder.
Fortan Dezemberschleier, Eiswassertiden,
Daß sich zimtne Forste wieder leeren. Aber
Die schwarze Amsel frißt die roten Beeren.

Theodor Vischhaupt: Mein Herz

für Thaddäus

Mein Herz ist ein Doge, gefangen in seiner Pracht,
Ein Herr mit eigenen Zofen, dreißig Nachtpagen,
Schmierzöpfigen, Anistee hineintragend, gern
Mit zig Gängen hochfeiner Patisserien, denn er

Frißt, pardon, nie gering: echte Maiziege, Hennen
In Reisrand, Chinatöpfe, Ginseng-Ghee, Zimt-Rene;
Seefischpaté, Minthering, einigen Zanderrogen,
Szegediner Gehirnepfanne im Acht-Rosinen-Teig;

Ein Zeisig in Gingercreme, sanfte Pantherhoden,
Pinienrehe, geröstet, anfangs minzig riechend,
Im Herd gegarte Enzianinnereien, Pfingstochse,
Senf. Hernach meist einen zeitigen Gin oder Grap-

Pa. Mein Herz, nein: Doge singt, sieht Farcen, Reigen,
Sinnige Opern, schmerzhafte Geniedinge, Atrien
Mit eigenen, sirrenden Trapezen, Haifischegong;
Froschprinzen, eineiig, nettes Mandaringehege,

Pirogen, Archen, Zinnfregatten, die Geheimnisse
Des finanzprächtigen Orients. Miere hingegen
Nie. Doch hagre Renngespanne, Freigeist im Zenit,
Gemeine Hofnarren, innig scherzend, Tipigäste,

Einige gerne ringende Zampanos, ihr Teint fesch,
Zartere Geishas, Nietendoggen in Minipferchen;
Ein Schneetiger, zahm, einige Frostgepardinnen,
Rennmiezen, rostige Haiti-Seepferdchen, in Gang

Gesetzte Fingerhandmaschinen, Pionierriegen
Am Springen, Tanzen. Fehe, Geier. Ein Dingo schreit.
Er hört's. Ein Tip, Zeichen in den Gefängnisrang.
Ein Doge ist mein Herz, in seiner Pracht gefangen.

Morgen zerrinnet es. Das Piefige, Nichtige ahnen
Seine eignen Schmierzopfdiener, ahnt er, Gigant.
Morgen fegt Regen ihn an, Eisenpein. Da ziert sich
Mein Doge nicht rangfein, zieht gern ins Separee.

Theodor Vischhaupt: So nah

nach Achmatowa

So nah kommt es heran, das Wunderbare
Und Hohe, daß man es merkt. Aber woran?
Anhand der warmen Borke, am Heustoß,

An Mahdbahn, Sode, Werstmeer aus Korn,
Sandbank samt rarem Seehund, wo rohe
Barkass-Möwen Durstdrama höhnen,

Woanders an dem hehren Brokatssaum
Der Sonne da, so wahr. Man bemerkt Haus,
Haus nebst Radwerk dran, Moosmähne,

Wasserhaar, ahnt Ode summenden Korb,
Kormorane ums Strandbad, Hasenwehe.
Es rankt so wunderbar, so nahe am Hemd:

Da Möhren, da Wruken, Rassemohn, Bast,
Da Saubohnen, dort am Wehr Kresse. Am
Stauwerk sehnen Soden, am Dom Rhabar-

Berstauden, hoher Rosenkamm, das wan-
Kende Bahamas-Rohr, Wermut sodann. Es
Kommt, was eher da, uns sonderbar nahe.

Philip Miller: Erste Elegie

Heute in aller Frühe kamen die römischen Gärtner,
    Stutzten vorm Haus die Kakteen, schnitten die Enden ab,
Denen zu helfen nicht war, und retteten so das Ganze.
    Livia, dieses Bild ging mir die ganze Zeit
Nicht aus dem Sinn, und auch der heisere Klang der Sägen
    Hing mir noch lange im Ohr. An diesem ersten Tag
Sah ich die Frau des Schlachters in rosa Häschenpantoffeln
    Rauchend vor ihrem Geschäft, wo sie den Absatz wusch,
Wohnanlagen wie Flagschiffe, prachtvoll von lauter Laken;
    Sah im Café den Wirt, wie er das heiße Geschirr
Aus der Maschine nahm, dampfende weiße Marmorbrocken,
    All den verwaschenen Putz, Ocker, Zimt oder Rot,
Palmen vor den Fassaden, ausgefranster als Pinsel,
    Und den Maronenmann an seinem Märtyrerrost;
Schließlich bei Sankt Paul vor den Mauern die beiden Jungen
    Linker Hand vom Portal: Während die Messe begann
Und man von drinnen das Singen und Beten der Gläubigen hörte,
    Schossen sie ihren Ball gegen die Kirchenwand,
Unermüdlich und ohne dafür getadelt zu werden,
    Gegens gemauerte Grau, gegen den alten Stein,
Wieder und wieder, und so, wie das Leder getreten wurde,
    Sprang es zu ihnen zurück. Majestätisch und stumm
Gehen Zyklopen neben mir, Livia, hohe Laternen,
    Bringen mich bis zum Haus. Aufgeplatzt unterm Tisch

Immer noch die Orange von gestern, die feine Naht aus
   Ameisen, die sie heilt. Draußen sind die Kakteen,
Meine Versehrten. Jetzt in der Dämmerung leuchtet jedes
   Frisch gekürzte Glied hell und weiß wie ein Stern.

Philip Miller (?): Ein Phantom, das im ersten Jahrzehnt des dritten Jahrtausends in
deutscher Sprache verfaßte und einer gewissen »Livia« gewidmete Elegien in klassischer
Manier, also in elegischen Distichen, am berühmten Pasquino-Torso mitten in Rom
hinterläßt – und dessen Biographie nicht mehr als eine Sammlung von Gerüchten
darstellt. Daß sein Werk überlebt, ist einzig der Umsicht von Signora Agnese Rossi und
Signor Pippo Mampieri zu verdanken – die seine Elegien sammeln und später an
Professor Alberto de Angelis von der Sapienza, der römischen Universität, übergeben.

Philip Miller: Zweite Elegie

Wieder, Livia, habe ich Pinie und Zeder verwechselt,
  Aber ich lerne dazu, füge dem Süden mich ein.
Morgens, wenn das Wasser noch kühl in den Leitungen schlummert,
  Steige ich aus dem Bett, stoße die Läden auf,
Stehe geblendet im Licht wie eine gerettete Seele
  Aus Renaissance und Barock, schwebe als Fresko, in Öl.
Alles beginnt zu blühen, die Mandelbäume, die Kirschen,
  Alles geht plötzlich hoch, schießt seinen stummen Salut,
Während die alten Damen im Bus am Sonntag noch immer
  Mäntel tragen, den Fuchs eng um die Schultern gelegt,
Auf ihrem Weg zur Messe in eine der vielen Kirchen;
  Immer im Zentrum der Dom, riesenhaft, ein Planet –
Hunderte weiterer Kuppeln kreisen als kleine Monde
  Um seine Bläue herum. Zwischen den Sitzen hängt
Lange noch zart der Geruch von Mottenkugeln, aber
  Drüben im Opernhaus üben die Waldhörner schon,
Und das vertrocknete braune Blatt auf dem Rasen im Garten,
  Transparentes Papier, Skript aus dem letzten Jahr,
Wird zur ersten, lebendigen Grille des kommenden Sommers,
  Schnarrt plötzlich auf und fliegt knatternd von Ast zu Ast.

Philip Miller: Dritte Elegie

Heute, Livia, stand an der Bushaltestelle neben-
  An dieser ältere Herr, der so vertraut erschien,
Bis ich es merkte: Es war der verstorbene A. Tatsächlich
  Treibt es die Geister hier um, mehr noch als anderswo.
Alles verschwimmt, wird unklar. Was man gerade als Büste
  Oder als Statue sah, bietet dir kurz darauf
Wassermelonen zum Kauf an, wuchtig und fett wie Schweine;
  Falten, eben noch hart, eingegraben im Stein,
Werden geschmeidig hinter der Theke, hinter der Zeitung,
  Lachen dir plötzlich zu. Was mich persönlich betrifft,
Gab ich Caligula Trinkgeld, fragte Catull nach der Zeit, sah
  Nero mit Papagei hinter den Termini.
Soll man sich wundern? So alt sind die Steine, die Ausfallstraßen,
  Wo sich ein Kenotaph neben das nächste schiebt
Und die Verblichenen dich hinaus zur Campagna begleiten;
  Unter der Erde, im Tuff, Stockwerk um Stockwerk tief,
Katakomben, die langen Regale, wie Bibliotheken,
  Wie ein Archiv für den Staub, eng. Die Luft ist antik:
Nur ein paar Wurzeln durchdringen die Decke, trinken die Stille.
  Steigt man zurück ins Licht, kommen die Wände mit.

Philip Miller: Fünfte Elegie

Wie ich die Märkte liebe, Theater mit einem Stück und
Endlosem Dialog, üppigem Bühnendekor:
Auberginen, ihr glänzendes Schwarz wie von Schellackplatten,
Peperoncini als Kranz leuchtender Kommata,
Rucola und Basilikum, Berge von Gurken und Kohl, To-
Maten, ihr pochendes Rot, groß wie ein Ochsenherz
Jede von ihnen. Der Mönchsbart, an Küsten und Dünen geerntet,
Wo er den Wanderern folgt, grün in die Fußspuren tritt,
Dann unter fließendem Wasser gestutzt und gewaschen, verzehrt mit
Etwas Zitrone und Öl. Fenchel, Radicchio, Salat,
Alles fürs Knopfloch geeignet, das wimmelnde Knäuel von jungen
Aalen: Saubohnenzeit. Einer, Scharfrichtertyp,
Reißt ein Bund von Karotten am grünen Schopf in die Höhe
(Ein paar Wochen danach finde ich sie als Wurf
Schrumpliger Mausejungen im Schrank). Oliven, Orangen,
Artischocken, geschuppt, besser frittiert als gekocht,
Und das Bouquet der Zucchiniblüten. Zuletzt noch ein Blick ins
Uhrwerk des Käsestands, dieses präzise Gold,
Duftende Mechanik von kleinen und größeren Rädern.
Mittags ist alles vorbei, klappt man die Auslagen hoch.
Auch die Türen der Kirchen werden verriegelt; jede
Sinkt in ihr Schummerlicht, zieht sich für Stunden zurück
In die eigene Pracht, die kühle Stille, verschließt sich
Schneckenhaft in sich selbst – über die Stadt verteilt
Findet man nun ihre schlafenden, ihre weißen Gehäuse.
Nur die Fremden in Rom mit ihren Kameras

Brauchen kaum eine Pause, und wie im Facettenauge
  Irgendeines Insekts werde ich multipliziert.
Während ich noch dem Jammern und Stöhnen der Müllwagen lausche,
  Wach liege spät in der Nacht, fliege ich schon nach New York,
Moskau und Tokio, teile mich auf in Norden und Süden,
  Reise ich als mein Bild hundertfach in die Welt.

Philip Miller: Neunte Elegie

Plötzliche Windstille draußen – die Hauben der Nonnen hängen
    Silberweiß und schlaff mitten in den August.
Alles schließt. Das Postamt schließt seine Schalter, die Bank den
    Safe, und vor jedem Geschäft rattern mit kalter Wucht
Rolläden aus Metall herab. Seinen Warteraum ver-
    Riegelt der Arzt, nebenan schließt der Notar die Kanzlei.
Kinos schließen die Säle, Theater den Vorhang, Plakate,
    Eben noch bunt hinterm Glas, stehlen sich fort über Nacht.
Kioske werden verrammelt wie Taubenschläge, das Schwarz auf
    Weiß des Gedruckten verstummt, gurrt keine Schlagzeilen mehr.
Schlachter verschließen die blutigen Schürzen, die Tankstelle auf dem
    Gehweg den Dunst von Benzin, Flecken von Motoröl.
Eidechsen schließen die Augen, Mauern die Risse darüber.
    Alles hält inne. Kokett schließt der Magnolienbaum
Blüte um Blüte, verstreut sie wie seidene Taschentücher.
    Bahnhöfe schließen und Bars, Markthallen, Schönheitssalons,
Münztelefone und Taufbecken, Ampeln und Ambulanzen,
    Fahrpläne, Glockengeläut, Katzen, die Schatten im Park;
Klimaanlagen, die Wäsche vorm Fenster, Verkehrspolizisten,
    Wegweiser und Kakteen, Straßenlaternen, der Mond,
Fledermäuse und Beichtstühle, Taschenspiegel, Biscotti,
    Schulen und Rosmarin, Parkhäuser, Lotterien,
Weihrauchschwenker und Pinienzapfen, der Tunnel, der wie ein
    Eingang zur Unterwelt zwischen zwei Spuren klafft,
Sonnenschirme, Sardinen und Apotheken, der stolze
    Oleander, der Zoo, Poster und Parlament,
Denkmäler für die Freiheitskämpfer, Schwärme von Mücken,
    Brunnen, Gullis, der Fluß. Längs der leeren Alleen

Stellen die Pomeranzen ihr bitteres Leuchten ein, die
  Quellen den kühlen Strahl. Neben dem künstlichen Teich
Schlüpfen die Schildkröten unter die Panzer, die letzte verzagte
  Wolke verschwindet und läßt endlose Bläue zurück.
Plötzliche Windstille draußen: Die Hauben der Nonnen hängen
  Silberweiß und schlaff in den August hinein.

Regentonnenvariationen
(2014)

giersch

nicht zu unterschätzen: der giersch
mit dem begehren schon im namen – darum
die blüten, die so schwebend weiß sind, keusch
wie ein tyrannentraum.

kehrt stets zurück wie eine alte schuld,
schickt seine kassiber
durchs dunkel unterm rasen, unterm feld,
bis irgendwo erneut ein weißes wider-

standsnest emporschießt. hinter der garage,
beim knirschenden kies, der kirsche: giersch
als schäumen, als gischt, der ohne ein geräusch

geschieht, bis hoch zum giebel kriecht, bis giersch
schier überall sprießt, im ganzen garten giersch
sich über giersch schiebt, ihn verschlingt mit nichts als giersch.

ein pferd

»*The well-aimed phrase is a whip*
your poem a horse.«
– Michael Donaghy, nach Lu Chi –

ist es ein fuchs, ein schimmel oder rappe,
hengst oder stute,
was durch den garten trabt und am rhabarber
zugange ist, an der lavendelstaude?

was dort über die triplebarre
hinwegsetzt, nur um in der mitte
des schlachtfelds zu landen, vor den karren
mit fässern und die goldene pyramide

aus heu gespannt? das kaltblut,
das aus brabant ein kiloschweres herz
heranschleppt und das V, den leichten pflug
der wildgänse, oder der lipizzaner, der als schwärze

geboren wird, der über alle felder
hinwegzutänzeln weiß und immer weißer,
der zum triumph wird, alle welt ins schach stellt,
blendend wie das schnupftuch eines kaisers?

versteht sich: sämtliche zweihundert-
undzweiundfünfzig knochen kannst du noch im schlaf
zusammensetzen, weißt vom huftritt,
erkenntnishart, der präzision im schweif,

den schemen, die sich nachts graubraun
am zaun der weide reiben, hü und brr,
hörst das erstickte wiehern in den gräbern
der pharaonen und eroberer.

und doch bist du jetzt hier, rot wie ein bier-
kutscher und fluchend, mit dem zuckerstück
genialität in deiner tasche und dem tier,
das weder vor geht noch zurück,

nicht reagiert auf deine gerte
und auch nicht auf die möhre, die am band
vor seinen nüstern baumelt wie die kerze
vor der ikone. rühr dich, sagst du bebend.

es rührt sich nicht. es steht da, sieht ins land.

das weidenkätzchen

warum sich tante mia wann genau
ein weidenkätzchen in die nase steckte,
verschweigt die geschichte. sicher ist: es wich,
je mehr sie es zu fassen suchte, stetig
zurück in seine dunkelheiten, weich
und weiß, ein hermelin in seinem bau.

der punkt, an dem die dinge sich entfernen;
der augenblick, in dem wir ignoriert
und nur noch zeuge sind oder statist,
bis jener teppich ruiniert,
der flügel aus dem zehnten stock gestürzt ist,
die ganze stadt ein flammendes inferno.

noch war krieg, doch sang die grille
trotz allem in den blühenden zweigen der weide,
im bach stand die mit licht gepanzerte
forelle. und nichts, was half, keine pinzette
und keine stricknadel, bis man die schreiende kleine
in eine klinik brachte. dieser grelle

doppelmond der leuchte und der halo
von lachenden krankenschwestern über ihr –
fast möchte man mitlachen, wäre da nicht
der feine druck, der zwischen stirnhöhle
und nasenwurzel sitzt, hinterm gesicht,
der abwartet, beharrlich, wie ein tier.

drei esel, sizilien

wie sie dort standen, schienen sie ein gleichnis
zu sein: kurz hinter gangi, das als wolke
aus stein gegen den gipfel schlug, ihr eigenes
gemälde hinterm gatter, stumm und völlig

bewegungslos. bis hier die serpentinen,
die mit uns durchs gebirge kletterten,
ein erdrutsch ab und zu, die schneelawinen
der schafe, die über die fahrbahn glitten,

verschwanden; nun ein stilleben mit eseln,
zum greifen nah mit diesen vorhangquasten
von schwänzen, ihren zähen tänzerfesseln,

die rücken unter unsichtbaren lasten
gedrückt und jedes weiche, weiße maul
wie gerade eben erst in einen mehl-

*

sack, in das mehl der fabeln eingetaucht.
wir winkten, riefen, stichelten – sie standen,
auf nichts als auf ihr eselsein bedacht.
wir lockten sie, wir schmeichelten – sie standen,

als wurzelten, als wüchsen sie im lehm,
als nähmen sie mit allen sinnen anteil
an etwas. lauschten sie auf bethlehem?
befand sich noch ein zehntel oder neuntel

von ihnen auf dem weg nach kanaan,
verscheuchten sie noch fliegen aus kartha-
go, aus ägypten? war es also keinen

tag her, nur augenblicke, seit vorm gatter
die kriegerischen haufen
von arabern, normannen, staufern

*

vorüberzogen? wie sie durch den wagen
und uns hindurchzustarren schienen, während eine brise
ins fell griff, jedes der sechs augen
stark wie ein espresso …

voraus die prozessionen, tote hunde,
die fremden worte aus den fremden mündern,
plantagen, plötzlichkeiten, grüner grund
mit einem firmament von mandarinen –

und sie noch immer regungslos, ein riegel
aus grau, wir selbst mehr narren als heroen
und längst vergessen und verdrängt, während im spiegel

jenes beharrlich sanfte V der ohren
noch serpentinenlang zu sehen war,
ein victory, vittoria, victoire.

koalas

so viel schlaf in nur einem baum,
so viele kugeln aus fell
in all den astgabeln, eine boheme
der trägheit, die sich in den wipfeln hält und hält

und hält mit ein paar klettereisen
als krallen, nie gerühmte erstbesteiger
über den flötenden terrassen
von regenwald, zerzauste stoiker,

verlauste buddhas, zäher als das gift,
das in den blättern wächst, mit ihren watte-
ohren gegen lockungen gefeit
in einem winkelchen von welt: kein water-

loo für sie, kein gang nach canossa.
betrachte, präge sie dir ein, bevor es
zu spät ist – dieses sanfte knauser-
gesicht, die miene eines radrennfahrers

kurz vorm etappensieg, dem grund entrückt,
und doch zum greifen nah ihr abgelebtes
grau –, bevor ein jeder wieder gähnt, sich streckt,
versinkt in einem traum aus eukalyptus.

krynica morska

wodka aus fünf ländern, in sieben bleichen
bäuchen schwankend, glucksend, andrzej. wir setzten
rundum an und hoben die flaschen: eine
    wodkafanfare.

nacht, die wie ein fesselballon an ihren
regenseilen riß; ein augustgewitter
zog von norden über die see, zog bis nach
    krynica morska,

bis zum strand, rimantas, den kleiderbündeln,
abgelegt zu friedlichen tieren: jeder
blitz riß uns das dunkel vom leib, wir standen
    nackt wie ein stamm da,

eben erst entdeckt. und wir rannten, ilya,
schlugen wellen hinter uns zu und trieben
zwischen schwarz und schwärzer, halina, mikhel,
    schmuggelten all das

hochprozentige durch die brandung, während
uns im rücken, unter dem kettenlicht, die
massenschlägerei in der bar poseidon
    ohne uns anfing.

anna

wir wußten alles über ihre scharte,
doch nichts von freunden oder von gemahlen,
nichts von den briefen unter ihren händen,
nach lilien duftend und mit einer weichen
schrift bedeckt, bis sie den umschlag glattstrich,
ein angelecktes präsidentenhaupt

in eine ecke klebte. wie uns überhaupt
nur eines interessierte: ihre scharte,
der kratermund, der dünne lavastrich
hinauf zum nasenloch; uns auszumalen
wie nachts die menschliche gestalt zu weichen
begann und wie sie schrumpfte, aus den händen

zwei pfoten wuchsen und sie mit behenden
sprüngen den weg hinunter, durch das haupt-
tor hoppelte, die fellbedeckten weichen
vor kälte zitternd, und nach wurzeln scharrte,
um sie mit hasenzähnen zu zermahlen,
während der mond als sichelscharfer strich

erschien oder mongolisch um die häuser strich.
wir suchten nach der erde an den händen,
nach gräserflecken, irgendwelchen malen;
wir wollten wissen, was sich nur behaupt-
en ließ, doch nichts – nur jene scharte
wollte partout nicht von der lippe weichen.

anna im hof, ein laken einzuweichen,
das dann als falter von dem blauen strich
der wäscheleine hing; anna, scharte-
ken lesend, groschenhefte in den händen
oder im roten kleid, bezopft, behaubt
und wie zuvor schon zu so vielen malen

dabei, sich ihre lippen anzumalen,
bevor sie mit dem koffer über weichen
und schienenstränge richtung haupt-
bahnhof verschwand. wie zäh die zeit verstrich –
bis sie am montag heimkam, wie von händen
getragen, näselnd sang durch ihre scharte,

und uns beim kaffeemahlen um sich scharte,
erst übers haupt und dann die brote strich
mit ihren weichen, weißen butterhänden.

schlehen

was war so blau wie abende im herbst
oder schwarz wie die bibel? hing durch nebelschleier,
oktoberschauer, war so herbe, herbst,
daß alles sich zusammenzog? die schlehe.

wir zogen ihnen nach dem ersten frost
am waldrand entgegen: busch um busch barbaren,
verschanzt hinter den dornen – und vereist
der boden, wo wir knieten, nach den beeren

zu tasten, ihrer zarten und damas-
tenen haut, um vorsichtig hineinzugreifen,
zu suchen wie der ungläubige thomas
im wundmal. zeit genug, um abzuschweifen,

an anderes zu denken – an osmose,
die nächste klassenarbeit, nylonstrümpfe,
an nina wriggers' brüste und den kosmos,
der irgendwann in naher zukunft seine
      grenze, jenen punkt der größtmöglichen
      ausdehnung erreichen und zu schrumpfen

beginnen würde, himmel, länder, schule
und stadt, wir selber, bis die ganze welt
von nichts als einem zweiglein hinge: schlehe.
kein wunder, wie schwer die eimer waren, gefüllt

mit tiefster bläue. hinter uns die sträucher –
ein text, fast ganz befreit von den vokalen,
ein dickicht, ein paar wirre federstriche.
die reste überließen wir den vögeln.

versuch über mücken

als hätten sich alle buchstaben
auf einmal aus der zeitung gelöst
und stünden als schwarm in der luft;

stehen als schwarm in der luft,
bringen von all den schlechten nachrichten
keine, dürftige musen, dürre

pegasusse, summen sich selbst nur ins ohr;
geschaffen aus dem letzten faden
von rauch, wenn die kerze erlischt,

so leicht, daß sich kaum sagen läßt: sie sind,
erscheinen sie fast als schatten,
die man aus einer anderen welt

in die unsere wirft; sie tanzen,
dünner als mit bleistift gezeichnet
die glieder; winzige sphinxenleiber;

der stein von rosetta, ohne den stein.

laken

großvater wurde einbalsamiert
in seines und hinausgetragen,
und ich entdeckte ihn ein jahr später,
als wir die betten frisch bezogen,
zur wespe verschrumpelt, winziger
pharao eines längst vergangenen sommers.

so faltete man laken: die arme
weit ausgebreitet, daß man sich zu spiegeln
begann über die straffgespannte fläche
hinweg; der wäschefoxtrott dann, bis schritt
um schritt ein rechteck im nächstkleineren
verschwand, bis sich die nasen fast berührten.

alles konnte verborgen sein
in ihrem schneeigen innern: ein leerer
flakon mit einem spuk parfum, ein paar
lavendelblüten oder wiesenblumen,
ein groschen oder ab und zu ein wurf
von mottenkugeln in seinem nest.

fürs erste aber ruhten sie, stumm
und weiß in ihren schränken, ganze
stapel von ihnen, eingelegt in duft,
gemangelt, gebügelt, gestärkt,
und sorgfältig gepackt wie fallschirme
vor einem sprung aus ungeahnten höhen.

melde

für Volker Braun

von staub bedeckt, wie alle pilger,
am rhein entlanggewandert, an der moldau,
eben zurückgekehrt aus spanien, aus bulgar-

ien, fernost: so rastet sie am rand
von äckern und von straßen, nickt nur milde,
wenn wir vorüberrasen, unerkannt,

unkenntlich, winkt uns nach mit ihren zähen blättern;
geht in der landschaft auf wie im gemälde
der firnis, blüht bescheiden, blüht in schmetter-

lingen, solidarisch mit dem schutt,
nicht dem erschütterer, liebt das malade,
das brüchige: ihr staat

ist überall; von pfützen, wo die winzigen klammern
der wasserläufer die wolken halten, der mulde
voll schlamm und unkraut; von jenseits des rostigen hammer-

krans ruft es, von brache, schrottplatz, müllde-
ponie, durchs flirren eines ganzen, langen sommers,
meldet beharrlich, ungehorsamst, die melde.

lazarus

vier tage nur, dann kehrte er zurück,
erst blind wie eine kartoffel, etwas moder
um bart und haare, kroch aus seinem sarg,
einer hölzernen mutter,

und war noch gegen den wind zu riechen.
er schien zu lauschen, ob sein herz noch schlug,
sobald er saß; versteckt hinter den röcken
die kinder, wenn er um die ecke bog,

als würde er weder dem boden trauen
noch seinem eigenen, tastenden schritt.
wir sahen seine frau mit roten augen.
die beiden schliefen jetzt zu dritt.

vier wochen, bis man nicht länger meinte,
im schinken die erde zu schmecken, den lehm
in wasser oder wein; vier monate,
und alles blasser, alles wundersam

und fast schon vergessen –
da steht er plötzlich hinten in der schlange
um brot an, hört man im dunkel der gassen
erneut diese schnarrende feder von stimme,

als ob etwas in ihm zerris-
sen ist, spricht ihn mit »guten abend« an
vielleicht, mit »schönes wetter, lazarus«,
und streckt die hand aus, hält den atem an.

aus dem nordschwedischen winter

für Simon Armitage

und irgendwann entschied er, einfach stehen-
    zubleiben, stand,
während der motor einfror, ein paar letzte
    signale sandte.

er sah am glas die partitur der flocken,
    den dichten schneefall,
sah, wie das land in seinem fell herankroch,
    am wagen schnüffel-

te – reifen, felgen erst, dann türen, griffe
    und seitenspiegel.
ein elch trug sein geweih vorbei, verschwand
    in einem hügel.

während er saß, das weiß betrachtete,
    verzweigte sich
sein denken, wurde leichter, wurde kalt
    und sechseckig.

wie sich die dinge von den namen lösten,
    wege und birken,
und er mit buddhalächeln erstmals ganz
    und gar geborgen,

als sich die decke endlich schloß: die stille,
    ein enzian-
licht, kurze dämmerungen, tage, nächte
    nichts als nuancen;

der puls, der träge wurde, apfelreste,
ein schlafsack, decken,
sein griff durchs fenster ab und zu, um etwas
vom schnee zu pflücken,

und vorn am fahrersitz der immer noch
im zündschloß stecken-
de schlüssel, fremd und schimmernd wie der schmuck
eines azteken.

als sie ihn endlich fanden, war der winter
schon fast vorbei,
sein wagen ein oval, umschalt von harsch,
ein riesenei,

nur mühsam aufzuschlagen. was herauskam,
verklebt und schmächtig,
war nicht von dieser welt, doch auch des fliegens
noch nicht ganz mächtig.

die bibliotheken

alexandria fällt mir ein, die dunklen schwärme
von faltern über ihr, der rauch,
der feuerschein, der noch in weiter ferne
zum lesen hätte reichen können, und an stirn und bauch
lange nach mitternacht die stumme wärme
von tausenden verbrannter rollen; auch

paris, new york, ein einziges regal
von murmelnden, von angehimmelten,
verworfenen; der runde lesesaal
der british library, all die versammelten
geschichten darin, vom toten admiral
ein letzter brief an lady hamilton,

noch immer zitternd; tief im vatikan
folianten, nie studiert, weil schon ein schatten sie zerfallen ließe, und das ticken
des staubs; doch denke ich vor allem an die stadt-
bibliothek, an jenen, der vom ersten tag an
mir auffiel, immer da war, heimlich blatt um blatt

die bücher aufaß, fraß, mit irgendwelchen geistern
zu ringen hatte, bis man ihn verbannte,
matteo, den ich sehen kann, als ob es gestern
gewesen wäre, der nie sprach, weil er nicht konnte
vielleicht, bis auf ein grunzen, ein paar gesten,
oder weil er nicht wollte. oder weil er längst brannte.

versuch über servietten

als kühler origamikranich,
oder mit dem stolz von viermastern
über die tische kreuzend,

immer nach norden, nach norden …
früh genug fällt ein letztes licht
durch hohe fenster, brennt sich

als soßenfleck in ihr weiß,
liegen sie zerknüllt am tellerrand,
mit nichts als dem roten falter

aus lippenstift im innern; früh genug
schweben sie mit ihresgleichen
durchs fegefeuer der großwäscherei,

nicht wissend, wozu sie am morgen
auferstehen unter den flinken
händen der kellnerinnen: wird es

ein tänzchen, den belagerten voraus,
die schönheit einer kapitulation?
der späte trick eines betrunkenen,

ein schlüssel, der verschwindet? oder
das lästige summen, jener druckfehler
von fliege im tischtuch, ihr kleines, verschmiertes F?

maulbeeren

so dunkel und süß der saft, daß überm bach
die fledermäuse stiegen, immer flach
am blattwerk, um als flinke, schwarze scheren
die früchte abzuknapsen, zu verzehren
im flug. die sonne hinter jaffa schwach,
und alles, was man denken wollte, dachte, enger, kleiner als ein handschuhfach …
sag: maulbeeren, und wieder: maulbeeren,
                    so dunkel und süß
allein das wort im mund – schon sind sie wach
und wollen mit dem schattenhaften krach
von tausenden von flügeln sich vermehren,
hängen bei tag in ihrem schlaf, in schweren
und dicken trauben unter deinem dach,
                    so dunkel und süß.

die vögel, waratah street

für Maritta

I

wir stellten die koffer ab
und wurden eine voliere.
winterstürme, ein zimmer,
das möwen noch höher schraubten,
und gegenüber im park
die palmen nickten, nickten
wie pferdehälse im wind.
ein yachthafen warnte vor haien
und in der bucht traf die fähre
auf ihren schatten, den wal.

II

tage, von nichts erleuchtet
als vögeln: die beiden loris,
die schon am ersten die farben
des ganzen monats verpraßten;
der metzgervogel mit schürze
aus makellosem gefieder,
mit seinem flaschenhalsflöten;
blau maskierte honigfresser,
versteckt in einem wipfel
der lachsack des kookaburra
und jener namenlose,
der mit dem rostigen ton
von alten brunnenwinden
uns wach hielt, klagte, klagte,

bis endlich ein morgen klar
und schimmernd heraufgeholt war.

III

als wir uns umdrehten, war es
der kakadu, der unserer spur
aus maiskörnern gefolgt war,
mit all seinem weiß am sims,
den klugen wacholderbeeraugen
und einer gelben haube
aus federn, die er aufschlug
wie trickspieler ihr blatt,
die tänzerin ihren fächer;
seeanemonenhaupt
und schwarze schnabelzange –
bevor er sich fallen ließ
und über die bäume glitt,
kreischend in die dächer schmolz –,
die uns in die finger zwackte,
als wollte, müßte er prüfen,
ob es uns wirklich gab.
und wirklich gab es uns.

im brunnen

sechs, sieben meter freier fall
und ich war weiter weg
als je zuvor, ein kosmonaut
in seiner kapsel aus feldstein,
betrachtete aus der ferne
das kostbare, runde blau.

ich war das kind
im brunnen. nur die moose
kletterten am geflochtenen
strick ihrer selbst nach oben,
efeu stieg über efeuschultern
ins freie, entkam.

ab und zu der weiße blitz
eines vogels, ab und zu
der weiße vogel blitz. ich aß,
was langsamer war. der mond,
der sich über die öffnung schob,
ein forscherauge überm mikroskop.

gerade, als ich die wörter assel und stein
als assel und stein zu begreifen lernte,
drang lärm herab, ein hasten, schreie,
und vor mir begann ein seil.

ich kehrte zurück ins läuten der glocken,
zurück zu brotgeruch und busfahrplänen,
dem schatten unter bäumen,
gesprächen übers wetter, kehrte
zurück zu taufen und tragödien,
den schlagzeilen, von denen
ich eine war.

nagel

kaum in der wand, war er die mitte,
schnellte sein radius
über die gärten, felder, rübenmiete
hinaus, die hühnerställe, das radies-

chenbeet, wurde umfassender, mondial:
wir hängten die hüte auf. wir hängten strick-
jacken und rahmen, hängten regenmäntel
und schirme auf, bis wir ihn fast vergaßen, dessen harter blick

noch da sein wird, wenn wir längst ausgezogen
und stadt und haus und straße
verschwunden sind – so unbeirrt weit oben,

so glänzend über west und ost,
daß sich im dunkeln navigieren ließe
nach ihm, und alten seefahrern ein trost.

kentaurenblues

wir haben helden vergiftet, prinzen gelehrt,
haben helden vergiftet, faß um faß geleert,
und doch war alles irgendwie verkehrt.

wo hört das roß auf, wo beginnt der reiter?
wer weiß schon, ob er roß ist oder reiter?
etwas hielt inne. etwas galoppierte weiter.

die mutter, eine wolke, die uns aufzog,
bis jene düsterere wolke aufzog,
unter den fesseln durch die wiesen flog –

und wir, berauscht vom raub, mit dampfendem fell,
ein lärm in den wäldern. heute dampft kein fell,
klappert kein huf mehr, und die nacht ist grell.

wenn du am fluß stehst aber, suche im dunst
nach den vertrauten schemen. rechne mit uns.

versuch über silberdisteln

für Reiner Kunze

es gibt die konstellationen
des südlichen und des nördlichen himmels,
und es gibt sie: die silberdisteln.

zu finden beim vieh, auf den weiden,
nicht in den glashäusern und parks.
ihr trick: so dicht am boden
noch schweben zu können,

in asterisken zu glimmen,
bevor die frühe nacht
als schatten einer kuh auf sie fällt.

auch jener astrologe,
der im dunkel zu lesen versteht,
barfuß über die wiese geht,
wird an sie denken.

giovanni gnocchi am violoncello

giovanni gnocchi spielt bach, während draußen
der sommer ist, die hitze, die stadt.
die göttlichste hummel aber ist hier,
verirrt im kühlen saal, fliegt träge
von note zu note, von blatt zu blatt.

giovanni gnocchi spielt bach, aber bach
spielt auch ihn, läßt seine finger klettern
wie blasse matrosen in der takelage,
während draußen die hitze ist, juli, die stadt.
und alles setzt segel. und alles legt ab.

verabredungen für die kaimanjagd

du das messer, wendig und scharf genug, um
ihnen aus dem anzug zu helfen, ihren
edlen lederflanken. den knüppel ich, nur
    sicherheitshalber.

ich das flache boot, das aus eingebung und
wagemut zusammengenietet wurde,
unsichtbar für wildhüter, selbst für hunde
    nahezu lautlos,

du die taschenlampe, den lichtstrahl, der die
echsenaugen findet, verräterisch im
wasser leuchten läßt, falls mein tropenvollmond
    nicht schon genug ist.

ich die mücken, ich die mangrovensümpfe,
du die jaburus mit den langen beinen,
federgondeln neben uns, friedlich durch die
    dämmerung stakend,

die vom himmel sinkt, und die dämmerung, die
aufsteigt von den wassern, bis man nicht weiß, ob
man gespiegeltes oder spiegelbild ist,
    bis unser blechkahn

mitten durch die konstellationen gleitet,
hungrig, kalt. ich halte die richtung. nimm jetzt
du die flinte. ziele genau ins dunkel
    zwischen zwei sternen.

die etüden

vergeben sie mir, maestra, aber
ich haßte sie und ihr klavier,
die teppichdumpfen mittwochnachmittage,
die falben klepper-

zähne, die gebleckte tastatur,
zögernd vor einem haus,
an dem der efeu seine partitur
bis über alle rinnen wuchern ließ,

dem butzenglas der tür, wo sich das licht
brach, dann zu bündeln schien, zu schwimmen,
bis etwas großes durch den brunnenschacht
des hausflurs stieg, bis sie, madame, erschienen,

perfekt und streng wie eine fuge
auf mich hinuntersahen, sich erbarm-
ten und mir öffneten, den *boogie woogie*
für anfänger unterm arm.

wie gut ich heute ihre ungeduld
verstehen kann. die tonleitern, die längst
verklungenen akkorde – unvermittelt
kehrt alles wieder, wenn ich dem gespenst

ihres parfums, schwer wie ein letzter akt,
im bus oder im supermarkt
begegne: dieser unerbittliche takt
des metronoms mit seinem eichensarg,

aus dem ein dürrer totenfinger kam,
die pendeluhr, die fotos an der wand,
davor das schwarzlackierte ungetüm,
in dem sie etwas hören konnten, was ich nicht verstand,

all die zweiviertel- und dreisechstel-
etüden, jene schimmern-
de lampe tee auf dem tisch. und ich verwechsle
noch immer schubert und schumann.

eule

»Schwebe ohne Eile, Eule,
Durchs Dunkel, deine Aula, Eule,
Für dich und mich, uns alle, Eule …«

still wie eine urne – bis die rufe
hoch über den köpfen
uns stocken lassen, sonderbar, als rufe
etwas durch sie hindurch; im braunen oder kupfern-

en federkleid zwischen den zweigen sitzend,
mit einem weißen schleier, zart wie mehltau
und brüsseler spitze,
verstreut sie die grazilen amulette

ihrer gewölle,
kaum mehr zu sehen, eher noch zu spüren;
der schlußstein in dem großen laubgewölbe;

ein gelber spalt und noch ein gelber spalt,
zwei augen hinter den tapetentüren
aus borke, dann der wald. der wald. der wald.

grottenolm

I

kaum wirklicher als das einhorn
und selten wie sphinx oder drache,
für dessen brut man ihn hielt,
als er sich erstmals zeigte, medusenhaupt
im spiegel eines baches;
schneeweißer fisch mit vier beinen,
wie die bauern ihn nannten,
dem schrei eines menschen.
seine kunst: vergessen zu werden.
so wird er alt. so überlebt er
die nach ihm suchen.

II

in einem reich ohne licht
und ohne farben, ohne wind,
sitzt der olm, der keine feinde
außer der sonne hat, zarter als die arbeit
von glasbläsern ist, kaum schwerer als ein brief
und leichter als ein schluck wasser.
weiß er nichts von unserer welt
oder weiß er alles? mit einer haut,
so durchlässig, daß sie nichts verwehrt
und alles aufnähme an giften,
an reichtümern, beschränkt er sich
aufs wenige, verzichtet aufs essen,
sogar auf den eigenen schatten.

III

ich muß dir nahe-
gekommen sein, damals
hinter der grenze,
von der du nichts ahnst,
im karst, jener gegend,
in der noch immer
verschwinden kann,
wer spät in der nacht
zum rauchen hinausgeht
auf löchrigem grund,
hoch überm system
von grotten, wo rost
auf waffen lagert,
vielleicht gar soldaten
ergraut auf ein ende
des krieges warten,
jahrzehnte nach ende
des krieges, wo du,
geschmeidiges S,
durch leeren fliegst,
die dir sicher sind,
in päpstlichem weiß
durch höhlen, himmel,
kälterer bruder,
durch episches dunkel
mit nichts als der uhr
aus tropfendem wasser
und blind wie homer.

regentonnenvariationen

ich hob den deckel
und blickte ins riesige
auge der amsel.

*

unterm pflaumenbaum
hinterm haus – gelassen, kühl
wie ein zenmeister.

*

eine art ofen
im negativ; qualmte nicht,
schluckte die wolken.

*

gluckste nur kurz auf,
trat man zornig dagegen,
aber gab nichts preis.

*

als stiege durch sie
die unterwelt hinauf, um
uns zu belauschen.

*

silberne orgel-
pfeife, fallrohr: dort hindurch
pumpte das wetter.

*

einen sommer lang
ganz versunken. dann, bei sturm,
schäumte sie über.

*

bleib, sprach das dunkel,
und dein gesicht löst sich auf
wie ein stück zucker.

*

alt wie der garten,
duftend wie ein waldsee. stand
da, ein barrel styx.

*

ich hob den deckel,
zuckte zurück. der amsel-
gesang dunkelte.

*

übervoll im herbst,
lief sie aus in hunderten
schwarzer nacktschnecken.

*

was ich im kopf be-
hielt, eingefaßt vom rund: das
medaillon »ratte«.

*

ein letzter tropfen
vom baum. in der stille, still,
der bebende gong.

*

ein grübeln, grübeln;
im winter die erleuchtung
als scheibe von eis.

lamento mit yak

trägt sein gebirge übern paß,
bepackt mit seide, einem sack
voll reis, gerät auf schmalstem grat
nicht aus dem tritt, dem takt; vorbei
am flugzeugwrack, der yetispur,
in seinem stall himalaya,
vor weißgezackten gipfeln: yak.

die zotteln, sein schamanenhaupt …
mit dem geschmack von milch im mund,
so fett, daß man sie kauen kann,
zu sehen, wie er rackert, rackert,
am bach, dem katarakt aus eis.
die augenkugeln – schwarzer lack
mit einem schwachen licht im innern, ach.

bei nacht die knackenden feuerstellen,
sein dung, von sonne gebacken, darin,
der rauch über der ebene, dem acker;
bei nacht das kalte flackern der sterne,
das krachen der lawinen, während
sein nackter schädel zwischen dach
und fensterrahmen wacht, doch ach,
doch ach, yak, ach, yak, ach.

die tassen

für Jan Kollwitz

die aufgabe war einfach: eine tasse
zu töpfern, die dem ehrwürdigen meister
gefiel. er war auf einer nußschale
von schiff in see gestochen, hatte reif-
lich überlegt, bis er den weg einschlug
nach asien, doch folgte seinem licht

ins dorf des meisters, schlief in zwielicht-
igen kaschemmen, bis er eine tasse
geschaffen hatte, die ihm alles schlug
oder zu schlagen schien, was selbst dem meister
gelungen war, beinahe aus dem stegreif.
es war soweit. er hatte sich in schale

geworfen, auch wenn er in kein chalet,
nur einen schuppen trat mit einem talglicht,
blakender kleiner mond mit seinem reif.
doch wie erblaßte er, als seine tasse
gedreht, gewendet wurde, als der meister
sie ruhig und ohne zorn in stücke schlug –

wie er auch jede weitere zerschlug,
sooft er kam. und nichts, keine pauschale
bewertung, nie ein wort von seinem meister,
kein zeichen. führte man ihn hinters licht,
war er mehr narr mit jeder neuen tasse?
warum nicht eine vase, einen armreif?

wo hitze war, kam nebel, deckte reif
den goldfischteich; sein fenster, das beschlug.
zu wachsen, die idee von einer tasse
ganz auszufüllen wie die frucht die schale …
er saß, formte vom morgen bis zum licht
des abends seinen ton, stets mit dem meister

im sinn – und nichts als etwas dünne maister-
rine, manchmal, wenn auch überreif,
ein pfirsich. seine haare wurden licht
und weiß, bevor erneut ein sommer umschlug
in winter, und am gaumen jener schale
geschmack, als er zum ungezählten mal
      jene in form und farbe ganz und
      gar identisch aussehende tasse

dem meister gab – der lächelte, die tasse
ins licht hielt und ihm auf die schulter schlug:
denn er war reif für seine erste schale.

koi

die ursuppe von teich, hinter den giebeln
der palmenhäuser: koi, wie sie sich drängen,
als goldene fäden einen gobelin

aus schwärze durchwirken, ihre bahnen
schwerer vorherzusagen als kometen;
das runde maul, das nichts als ihren namen

zu formen scheint, wenn sie den punkt berühren,
der luft von wasser trennt, ihr kammerton
zu hoch oder zu tief für unsere ohren,

unhörbar: koi, ein firmament aus geld
am grund des beckens, unter ihnen hängend,
verliebt ins schummrige wie jede glut,

neben dem plankenweg ein schweben, schwelen.
etwas von ihrer hünenhaften ruhe,
dem sturen herzschlag sollte übergehen

auf mich, wenn ich die hand ins dunkel halte
und warte auf den kalten stoß, das rauhe
paillettenkleid; und so beginnt das alter.

ficus watkinsiana

beginnt, wo andere aufhören wollen,
    im licht; seilt sich ab aus sich selbst,
    trifft exakt jenes winzige öhr
    im regenwald, fädelt sich ein.

entert den kontinent aus der luft;
    einmal verankert, entrisse ihn
    selbst das gesamte zeppelinblau,
    das über ihn hinzieht, nicht seinem grund:

er wächst, von tau zu takelage,
    von netz zu gitter, erfaßt die form
    perfekt, umschlingt sie, schiebt sich zwischen
    all das, was wirt und nicht-wirt ist.

morgen mit dem blechzerreißenden
    kreischen eines kakaduschwarms;
    morgen mit den jalousien
    von riesenfarn und erster sonne,

die durch die lamellen dringt,
    dem teekesselpfiff eines vogels.
    von irgendwo das leise knarren
    der tür im innern eines stamms:

dort steht er, archiviert, was war, als leere,
    als hohlraum, aber lockt mit früchten,
    die wirklich sind und süß – der baum,
    der an die stelle eines baumes trat.

versuch über seife

ein stück war immer in der nähe,
folgte seinen eigenen phasen,
wurde weniger wie fast alles,
stand dann wieder voll
und leuchtend weiß in seiner schale.

wog wie ein stein in der faust,
schäumte auf, wurde weicher:
man wusch sich von kain zu abel.

einmal vergessen, verwitterte sie
zum rissigen asteroidensplitter,
doch ruht jetzt feucht und glänzend
wie etwas, das vom grund des sees
heraufgetaucht wird, sekundenlang kostbar,

und alle sitzen wir am tisch:
mondloser abend, duftende hände.

dachshund

»Wie würden Sie, Comtesse, die Welt sehen, wenn
Sie – sagen wir – als Dachshund geboren wären?«
– Jakob Johann von Uexküll zu seiner
zukünftigen Frau, Gudrun von Schwerin –

als wald. als jagdausflug. als einen ball,
der auf mich zurollt, kurz vor meinem teppich
den haken schlägt und als hase enteilt.
als einen warmen nachmittag, der sich
      so langhin ausdehnt wie ich selbst,
      bevor erneut eine depesche

aus duft mich erreicht. es ist ein system
von zeichen: hierher!, rufen die disteln
mit ihren stachelfäustlingen, jeder stamm
enthält eine botschaft, altpapier, textilien,

sogar der aufgeplatzte fahrradschlauch
einer überfahrenen schlange.
der fuchs, der jeden abend hinterm bach
entlangschnürt, ist der sonnenuntergang.

mit der erregung des entdeckers
der fährte zu folgen, einem rehkitz,
den wölfen und ihrem beweglichen reich, dem dachs,
der schwarz und weiß gestreift wie ein lakritz-

bonbon in seinem dunkel sitzt; zu bellen,
wie eine rohrpost durch die gänge jagend,
dem scharfen dunst entgegen, ihn zu stellen:
ein plumper, ängstlicher riese, ein gigant,

erstarrt in seinem mantel aus borsten,
während die stimmen sich nähern – der augenblick,
bevor sie da sind, lehm und erde bersten,
man ihn und mich nach oben reißt, ins licht.

selbstporträt mit bienenschwarm

bis eben nichts als eine feine linie
um kinn und lippen, jetzt ein ganzer bart,
der wächst und wimmelt, bis ich magdalena
zu gleichen scheine, ganz und gar behaart

von bienen bin. wie es von allen seiten
heranstürmt, wie man langsam, gramm um gramm
an dasein zunimmt, an gewicht und weite,
das regungslose zentrum vom gesang ...

ich ähnele mit meinen ausgestreck-
ten armen einem ritter, dem die knappen
in seine rüstung helfen, stück um stück,
erst helm, dann harnisch, arme, beine, nacken,

bis er sich kaum noch rühren kann, nicht läuft,
nur schimmernd dasteht, nur mit ein paar winden
hinter dem glanz, ein bißchen alter luft,
und wirklich sichtbar erst mit dem verschwinden.

Epilog

schaf, hahn, ente

19. September 1783

versailles, sein park, noch alles halb im schlaf,
als der ballon sich von der erdenbahn
entfernt. so sagen es die dokumente.

nur volk, kein pöbel, keine parlamente –
und seine majestät, umringt von graf
und gräfin, der mätresse, dem galan

mit rohr, in dem konvex oder konkav
die linse schwebt. ein strick, den man durchtrennte,
der nie mehr ganz wird – sollte es ein mahn-

mal sein, was dort am kalten wetterhahn
vorbeizieht, eine art von epitaph?
ein ball aus seide längs der windtangente,

verschwindend über einem spleiß von kahn,
die untertanen schaf und hahn und ente
in ihrem korb kaum hörbar, seltsam brav

in gottes blauem himmel, nur pigmente,
nicht mehr, und gerade eben noch der hahn,
die ente, und zu guter letzt das schaf.

Anmerkungen

dobermann: Friedrich Dobermann (1834–1894), Abdeckereiverwalter und Steuereintreiber in Apolda (Thüringen).

elegie auf den klugen hans: Der »kluge Hans« war ein Wunderpferd, das Anfang des zwanzigsten Jahrhunderts mit seinen (angeblichen) Rechenkünsten und anderen Fähigkeiten für Aufsehen sorgte.

pierre de ronsard: der salat: Die Vorlage zu diesem Gedicht, Ronsards langes Poem »La Salade«, ist seinem Freund und Sekretär, dem Dichter und Übersetzer Amadis Jamyn, gewidmet.

agurkai: Titel (litauisch): »Gurken«.

augustín lópez: the art of topiary: Die Gedichte für den kleinen Zyklus »drei mögliche bücher« entstanden anläßlich der Ausstellung »undo redo« im Fridericianum in Kassel. Die mexikanische Künstlerin Mariana Castillo Deball hatte für ihr Buchprojekt »Never Odd or Even« Autoren, Kritiker und Künstler eingeladen, fiktive Buchumschläge zu entwerfen – und anschließend drei Autorinnen und Autoren gebeten, zu je drei Umschlägen, drei fiktiven Büchern ihrer Wahl Texte zu verfassen.

historien: onesilos: »Der Leiche des Onesilos schnitten die Amathusier, weil er ihre Stadt belagert hatte, den Kopf ab und nahmen ihn mit nach Amathus, wo sie ihn über dem Stadttor aufhängten. In dem schon ausgehöhlten Schädel setzte sich später ein Bienenschwarm fest und füllte ihn mit Honigwaben.« (Herodot, *Historien*, Stuttgart 1971. Die Übersetzung stammt von A. Horneffer.)

elegie für knievel: Der amerikanische Stuntman Evel Knievel starb im November 2007 im Alter von 69 Jahren.

frombork: In Frombork (ehem. Frauenburg) am Frischen Haff lebte der Astronom Nikolaus Kopernikus (1473–1543) und arbeitete an seinem Hauptwerk *De revolutionibus orbium coelestium libri VI.*

hsu chao: die heuschrecken: Basiert auf dem englischen Text »The Locust Swarm« in Kenneth Rexroth' Sammlung *One Hundred Poems From the Chinese* mit Gedichten aus der T'ang- und der Sung-Dynastie.

moorochsen: Der manchmal auf dem Land gebräuchliche Name der Rohrdommel.

der späte runeberg: Johan Ludvig Runeberg (1804–1877), finnland-schwedischer Dichter. Sein Lied »Vårt land« aus dem Balladenzyklus *Fähnrich Stahls Erzählungen* wurde zur finnischen Nationalhymne.

smara: Eine für Christen lange Zeit verbotene Stadt in der Westsahara, die der französische Abenteurer Michel Vieuchange (1904–1930) als erster Europäer aufzusuchen gedachte.

molto moderato: Die Gedichte für den kleinen Zyklus »drei wörter ohne lieder« entstanden zu der Komposition »Drei Lieder ohne Worte« (1952) von Paul Ben-Haim.

Nachwort

Man könnte an eine Art Familienfeier denken, eine dieser Zusammenkünfte nach vielen Jahren der Stille, die immer eine Aura der Unwirklickeit umgibt: Waren die Haare der Großtante aus dem Mittelgebirge nicht eigentlich blond? Hatte der Onkel aus Übersee nicht ursprünglich einen deutlich weniger markanten Bauchansatz? Und was, um Himmelswillen, ist aus dem legendären Charme des Schwagers geworden, so überwältigend, daß man ihm alle Eigenheiten und Macken verzieh? Mit der Halbschwester von der Insel aber läßt sich noch genauso ausgelassen tanzen wie eh und je, und auch der Lieblingscousin hat sich, wie man mit Erleichterung feststellt, nicht im Geringsten verändert.

Das Gefühl der Entfremdung, das sich bei erneuter Lektüre eines vor längerer Zeit zu Papier gebrachten Textes unweigerlich einstellt, kennt wohl jeder, der Gedichte schreibt (oder der überhaupt schreibt). Dabei hat dieser fremde Blick, den die Distanz erst ermöglicht, durchaus sein Gutes und erleichtert es dem zum Leser gewordenen Verfasser, bei einer Auswahl gewisse, so allgemein wie möglich gefaßte Kriterien anzuwenden: Ist ein Gedicht grundsätzlich in sich stimmig, kann es nach wie vor Gültigkeit beanspruchen? Würde man es tatsächlich vorlesen wollen – oder, dazu aufgefordert, lieber zu einer anderen Seite blättern? Wäre eine schmerzliche Lücke spürbar, wenn ausgerechnet dieses Gedicht nicht in die Auswahl aufgenommen würde? Mitunter lernt der Autor bei diesem Prozeß ein Gedicht schätzen, das er bislang vernachlässigt hatte. Für die Ermunterung zu einem zweiten, dritten und vierten Blick auf die eigenen Gedichte danke ich Thomas Girst, Björn Kuhligk, Jan Volker Röhnert sowie Johanna und Heinz Wagner.

Paul Valérys bekanntes Diktum, daß man ein Gedicht nicht beende, sondern es höchstens aufgebe, gilt besonders, wenn man sich die ältesten eigenen Gedichte zu lesen vornimmt – und an der einen oder anderen Stelle ein Kribbeln in der Hand spürt, versucht ist, sie weiterzuschreiben, fortzuspinnen, Richtungen zu verfolgen, die einem zum Zeitpunkt, da man das Gedicht als ein anderer Mensch nicht beendete, vielmehr aufgab, nicht zur Verfügung standen. Dennoch, glaube ich, hat ein Gedicht, das einmal in der

Welt ist und als gültig empfunden wurde, ein Recht darauf, unangestastet zu bleiben von einem Autor, der längst ein Fremder geworden ist. Es existiert so, wie es ist, unabhängig von seinem kritischen Blick zurück, unabhängig auch von veränderten poetologischen Vorstellungen und Erwartungen.

Wurden also Korrekturen an den hier versammelten Gedichten vorgenommen? Nein, sieht man von einer behutsamen und nie sinnentstellenden Vereinheitlichung der Zeichensetzung ab – und von zwei punktuellen Änderungen, die kurz vorm Erstdruck an zwei Gedichten vorgenommen und nun wieder rückgängig gemacht wurden; dabei handelt es sich lediglich um Details, die kaum zu bemerken sind. Zu guter Letzt entspricht die Reihenfolge der Gedichte nicht immer jener in den Einzelbänden – einfach, weil eine Auswahl eine Verknappung und Verkürzung darstellt und damit eine neue Dynamik entsteht, die Gedichte in ein anderes Verhältnis zueinander gesetzt werden.

Ein einziges neues Gedicht wurde aufgenommen und bildet den Epilog. Es steht stellvertretend für all die Gedichte, die seit Publikation des letzten Einzelbandes entstanden sind und erst noch ruhen müssen, vor allem aber für jene, auf deren Entstehung ich hoffe. Von Gewißheiten kann keine Rede sein, wo es ums Schreiben von Gedichten geht – zum Glück auch für dieses Gedicht, das heute, morgen, bald zu schreiben wäre. Und es gibt ja immer nur dieses eine, noch zu schreibende Gedicht.

Inhalt

Der Wald im Zimmer (2007)

Australien (2010)

Die Eulenhasser in den Hallenhäusern. Drei Verborgene (2012)

Regentonnenvariationen (2014)

Epilog

Der Autor

Jan Wagner, 1971 in Hamburg geboren, lebt in Berlin. 2001 erschien sein erster Gedichtband *Probebohrung im Himmel.* Es folgten *Guerickes Sperling* (2004), *Achtzehn Pasteten* (2007), *Australien* (2010), *Die Eulenhasser in den Hallenhäusern* (2012) und *Regentonnenvariationen* (2015). Zuletzt erschien von ihm der Essayband *Der verschlossene Raum.* Für seine Lyrik wurde Jan Wagner vielfach ausgezeichnet. Mit *Regentonnenvariationen* gewann er 2015 den Preis der Leipziger Buchmesse, 2017 erhielt er den Georg-Büchner-Preis.